特別支援教育

学ぼう、遊ぼう、
デジタルクリエーション

iPad×育

 Distinguished Educator

海老沢 穣 著

明治図書

はじめに

　本書をお手に取っていただきありがとうございます。本書で紹介している「デジタルクリエーション」とは，iPad でつくる様々なアイデアや表現を生かしたアウトプットのことを指しています。ちょっとしたコツが分かれば，子どもたちも先生たちもワクワクするような楽しいアウトプットができるようになるのではないか，そうした遊び心に満ちたクリエーションは様々な学びの中に取り入れていけるのではないかと考え，これまで特別支援学校の授業で取り組んできた実践をご紹介しています。本書で取り上げた内容は特別支援教育に特化したものというより，様々な学校で応用可能な内容でもあると思っています。現に私が NITOBE FUTURE PARTNER として関わっている新渡戸文化小学校の授業で取り組んだ実践も本書の中でご紹介しています。

　私自身は今でこそ様々な自治体や学校で ICT 活用研修の講師やアドバイザーなどをさせていただいていますが，もともと ICT にすこぶる強かったわけではありません。iPad が登場する以前は，「デジタルツールを活用するアプローチは何か可能性がありそうだけど，ＰＣは子どもたちには操作が難しいことが多いなぁ」と感じながら，特別支援学校の教員をしていました。ちょうど訪問学級の担任をしていた2010年，iPad が登場した際に「あ，これは指で直感的に操作ができるし，子どもたちが楽しめそうだな」と感じたことはよく覚えています。ただ，学校の授業でどう活用すればいいか，そのアイデアはすぐには浮かんできませんでした。

ちょうどその頃に就学前だった息子たちと一緒に，NPO法人CANVASの「キッズクリエイティブ研究所」というワークショップに参加していました。造形やダンス，自然観察など毎回バラエティに富んだ楽しいワークショップが満載で，その中にiPadで2枚の写真を撮ってお話をつくっていく回がありました。紙を丸めた「くしゃくしゃさん」がかくれんぼをしている場面を1枚写真に撮り，「あ，ここにいた！」ともう1枚の写真でお話を展開していく内容で，子どもたち一人一人のアイデアがとっても面白いワークショップでした。「なるほど！こんな風にiPadを活用すればいいのか〜！」と，一緒に参加していた私は授業への大きなヒントを得ることができました。この体験をもとに取り組んだ実践が，「レゴブロックとiPadで物語をつくろう」（第3章7参照）です。こんな風に，息子たちと親子で参加したワークショップやイベントでいろいろと授業のヒントを学んだことがありました。

　本書で紹介しているのは，「これなら子どもたちが楽しめそうだな〜」「いろいろ面白いアイデアや表現ができそうかも！」と，私も興味津々で授業に取り入れながら試行錯誤して行ってきた実践です。

　まずは私たちがワクワクしながら，子どもたちと楽しいデジタルクリエーションに取り組むことができると，授業が生き生きしたものになってくると思います。本書がそんなみなさまの取り組みの一助になりましたら幸いです。

著者　海老沢　穣

CONTENTS

第 **3** 章
iPad ✕ 特別支援教育
クリエイティブな実践アイデア

＊本書中で紹介している外部へのリンクやアプリ等の商品情報は，執筆時のものです。掲載・販売元でサービス内容の改定，終了，仕様変更，中止の可能性がありますこと，どうぞご了承ください。

第 **1** 章

iPad ✕ 特別支援教育

授業づくりの
大切な視点

1

子どもたちのアイデアや表現から スタートする

◆ iPad を活用する前に大切なこと

　子どもたちは内面に素敵なアイデアや表現の種をたくさん持っています。私たち教師はその種を芽吹かせるために，どんな視点や工夫を大切にしたらいいでしょうか。iPad の活用を考える前に，まずそのお話からさせていただければと思います。

　まだ iPad を活用する以前ですが，肢体不自由特別支援学校高等部の訪問学級担任をしていた時にこんなエピソードがありました。毎冬に行われる学習発表会の舞台発表で，訪問学級の生徒たちはビデオで出演をしていました。ある年，私の担任していた生徒が演じる役について担当教員から説明があり，「この台詞を話している場面を録画してきてください」と台本を手渡されました。高等部２年の彼はとてもはりきって，台詞を練習し始めました。彼は構音の障害はないのですが，台本に書かれた台詞を正確に話そうとすると吃音がひどくなり，録画してみると台詞の内容が聞き取れないほどになってしまいました。一生懸命役を演じているのに，動画ではそれが全く伝わってきません。どうしたらいいだろう？としばらく考えた私は，あらためて舞台の場面設定を丁寧に伝え，「○○くんだったら，ここでどんな風に言うかな？」と彼自身に台詞を考えてもらうことにしました。はじめに渡された台本の台詞とは全く異なったものになりましたが，彼のセンスが生かされたなかなか味のある台詞ができあがりました。自分で考えた台詞で演技をしてみると吃音は全く出なくなり，無事に出演場面の録画を終えることができました。

◆ 子どもたちのアイデアが生きた舞台表現

　知的障害特別支援学校中学部で学習発表会の舞台担当になった時には，あえて演技中に台詞を使わない舞台をつくってみようと考えました。効果音や音楽でイメージづくりを行い，舞台での表現をなるべく子どもたちに委ねて考えてもらうようにしました。たとえば5人の生徒が演技をする「冬」の場面では，こんな形で練習を進めました。美術の授業で制作した「ランプ」を手に持って身体表現を行う場面なのですが，子どもたちには「みんながつくったランプの"灯"を消さないように大事にしてね」「5人で協力して舞台をつくってみよう」と伝え，はじめに木枯らしの吹きすさぶ効果音を流してみました。すると，「わ～！寒い寒い！」と言いながら，5人がランプの周りに集まって座り出します。タイミングを見て，木枯らしの音からゆったりとしたバイオリンの曲に変えてみました。すると，ランプを手に持った子どもたちがゆっくりと立ち上がり，舞台を歩きながらランプを掲げたり，くるりと回転したりと，思い思いの表現をし始めます。「途中から5人で集まってみよう」「最後は舞台の前で並んで演技をしてみよう」といくつかポイントを伝えながら，あとは子どもたちに演技を委ねた形で練習をしていきました。あらかじめ決められた演技や表現ではないので，即興的なアイデアも飛び出します。当日は音楽に合わせて5人で「冬」の場面を演じきり，大喝采を浴びました。

　上記の2つのエピソードからどんなことが分かるでしょう。私たち教師は子どもたちの活動をあらかじめ細部まで考え，子どもたちが正確に取り組めるよう練習を重ねるという支援を行いがちになっていないでしょうか。もちろんそうした支援が必要な場面もたくさんあります。ただ，子どもたち自身もアイデアや表現をたくさん持っているのに，周囲も本人もそれに気づいていない場面がたくさんあるように感じます。そうしたアイデアや表現の種をどんな風に引き出せるか考えながら授業をつくってみると，今まで見えなかったたくさんの可能性が見えてくると思います。

2

視点を変えるアプローチを大切にする

◆ アーティストとのコラボレーション

　ただ学校内の教師だけで日々授業を行っていると，子どもたちのアイデア
や表現を生かす視点がなかなか生まれてこない面もあります。私もそのあた
りの限界を感じて，学校外の人たちとコラボレーションができないかと模索
し始めました。ちょうどそんな時に「東京都現代美術館アーティストの１日
学校訪問」という東京都のプログラムがあることを知りました。これは現代
美術のアーティストが学校で出前授業を行ってくれるというもので，ぜひ子
どもたちに現代アートを体験してもらいたいと思い，応募をしてみたら無事
採択をしていただくことができました。当日は映像作家のアーティストにい
らしていただき，「キネカリグラフィー」という手法で，子どもたちがマジ
ックなどで直接描いた16mm フィルムをつなぎ合わせ，映写機で作品として
上映してもらうというワークショップを体験しました。子どもたち全員で描
いた線や模様，文字などがスクリーンに次々と抽象的に映し出される様子は
圧巻で，子どもたちも次々とスクリーンの前に出てきて思い思いのポーズを
し始め，とても盛り上がりました。iPad が導入される前の授業でしたが，
映像を取り入れた授業の可能性を肌で感じることができました。

　外部とのコラボレーションの面白さを実感し，NPO 法人芸術家と子ども
たちのコーディネートをしていただいたりしながら，ダンサー・振付家，舞
踏家，劇団のアーティストをお招きし，ワークショップや舞台発表に取り組
むプログラムに関わりました。アーティストとの身体表現のコラボレーショ

ンはとても魅力的で，私たち教師とは全く異なるアプローチで子どもたちの表現が引き出されていきます。私たちには常同行動として見えていたり，じっとうずくまって一見何もしていないように見えたりすることが，「あ，これはその子その子の表現なんだな」と感じられる場面が生まれてきます。私たち教師を飛び越えて，子どもたちとアーティストたちがつながっていくように感じる場面を何度も体験しました。

その中で，ある舞踏家の方が話されていた言葉がとても印象的でした。

「子どもたちの素の表現にはとてもかなわない。僕は子どもたちの手のひらの上でクルクル回されているようなものなんです。師匠は子どもたちです」

子どもたちの持つ表現の魅力は，視点を変えることで見えてくるものがあると実感した瞬間でした。

◆ アプローチの視点を変えてみる

日常，私たちは何の疑いもなく言語の世界に生きています。言語の機能は「思考」「コミュニケーション」「行動調整」の３つとされています。障害のある子どもたちはこの言語に何らかのハンディを抱えています。私たちは自分たちが当たり前のように過ごしている言語の世界に，子どもたちが適応できるよう支援する，というアプローチばかりになっていないでしょうか。子どもたちの非言語の世界の豊かさに気づけていないために，「できない」「難しい」面ばかりに焦点を当てて支援を行っていることはないでしょうか。この支援の視点をちょっと変えてみると，子どもたちのよさや強みが見えてくるかもしれません。アーティストとのコラボレーションでそんなことにたくさん気づかされることになりました。いつもとちょっと視点を変えてアプローチしてみることで子どもたちの世界が見えてくる。そんな授業づくりができると素敵ではないかと思います。

iPad の強みを生かして
クリエイティブに授業をつくる

◆ 子どもたちの内面を表現する写真の世界

　「すべての子どもはアーティストである。問題はどうすれば大人になって
もアーティストでいられるかだ」

　これはパブロ・ピカソの有名な言葉です。私たちは大人になるといろいろ
なことにがんじがらめになっていて，視点やアプローチが固定化されてしま
っている面があるのかもしれません。子どもたちの内面を表現としてうまく
アウトプットできるようなアプローチはどうしたら可能になるでしょうか。

　これも iPad を活用する以前のエピソードですが，知的障害特別支援学校
中学部にいる時，読売新聞東京本社が主催する写真出前授業（読売新聞写真
出前授業「見る・撮る・伝える」）に参加したことがありました。このプロ
グラムは写真部の記者の方が写真と文章で表現することを学ぶ出前授業を行
ってくれ，1 人 1 台の一眼レフカメラを貸してくれるというものです。その
出前授業で記者の方がこんな風にお話をされていました。

　「写真にうまい下手なんてない。どう感じるかが大事なんだよ」

　それぞれの表現を大切にするとても印象的な言葉でした。

　出前授業の後に，子どもたちは一眼レフカメラを手に持って教室を飛び出
し，思い思いに写真を撮り始めました。自分の好きな人や物を写真に収めて
いく子どもたちの作品はとても素敵で，スクールバスの運転手さんや介助員
さんの笑顔を撮影した写真など，被写体への愛情や思いがこもった作品ばか
りでした。

その中で緘黙症の生徒が撮った写真と文章がとても印象に残っています。彼女は学校の玄関を撮影して写真に収め，その下にこんな文章を載せていました。「毎朝学校のドアを開けるのはわたし。ドキドキしちゃう」

　彼女の内面の世界がとてもよく伝わってきます。そして写真で表現するというアプローチの持つ素晴らしさがよく実感できたエピソードでした。

　子どもたち一人一人がカメラを持って撮影するのは，以前なら特別なプログラムに参加しないとできない体験でしたが，iPad の出現によって写真による表現はぐっと身近なものになりました。伝えたいこと・表現したいことを撮り，それを授業に取り入れることから iPad の活用を始めてみてはいかがでしょうか。さらに構図・光・フォーカスなどのちょっとしたコツを知ることで，子どもたちの写真はさらに生き生きしたものになっていきます。

◆ コマ撮りアニメーションを取り入れた集会発表

　iPad は写真だけでなく，ビデオの制作や編集もとても身近なものにしてくれました。今まではビデオカメラやＰＣがないと制作や編集が難しく，一部の人にしかできない高度なスキルが求められましたが，iPad はそれをとてもシンプルなものに変えてくれました。

　学校現場に iPad が入り始めた頃，私は以前から取り組んでみたかった授業にチャレンジしてみました。それはコマ撮りアニメーションを制作する授業です。コマ撮りアニメーションはそれまでデジタルカメラとＰＣがないと難しく，特別支援学校で子どもたちが制作するにはとてもハードルが高いものでした。その年はちょうど中学部３年生の担任をしていたので，コマ撮りアニメーションによる映像を学部集会での発表に活用できないかと考えました。毎年３月に開かれていた３年生の卒業を祝う集会では，各学年がそれぞれ発表を行っていましたが，内容は歌やダンスなどが中心で，映像による発表というのはそれまで目にしたことはありませんでした。そこで美術や生活単元学習の授業の中で，コマ撮りアニメーションをつくる活動を取り入れ，

その中に卒業する自分たちのメッセージを盛り込むようにしました。「うんどうかい　がんばってね」「がくしゅうはっぴょうかい　みにいくよ」など，ボードに書いたメッセージを手に持って，１コマずつ身体を移動させながら撮影したり，コマ撮りならではの空中移動を撮影したりしながら，３年生全員が出演した映像を制作しました。そして迎えた集会当日。３年生の番になりコマ撮りアニメーションが流れると，１・２年生がスクリーンに釘づけになりました。今まで発表にあまり注目しなかった生徒が集中して画面を見ている様子に，教員から驚きの声が上がるほどでした。発表をした３年生もニコニコととても誇らしげ。映像の持つ力を実感したエピソードでした。

◆ iPad はアイデアや表現をアウトプットするツール

　iPad が特別支援教育の現場に多く配備されている理由としては，指による直感的な操作性のよさ，操作の安定性，アプリの豊富さ，アクセシビリティ機能の充実などが挙げられます。標準搭載されているアクセシビリティ機能は，子どもたちの見えにくさ，聞こえにくさ，身体の動かしにくさ，集中のしにくさなどに合わせて活用ができます。本書でもアクセシビリティの基本的な機能について第２章８で紹介しています。またコミュニケーションの支援ツールとしても実践が重ねられてきており，現在は特別支援教育向けの優れたアプリ「DropTap」が公開されています。「DropTap」についても第２章９で紹介させていただきました。

　GIGA スクール構想に基づいて，学校に１人１台端末の配備が行われたこともあり，子どもたちそれぞれの困難さに合わせた支援のツールとして，iPad の可能性は広がっています。それぞれの子どもたちが自分にとってより学びやすく，課題や活動に取り組みやすくなるように，アクセシビリティ機能やコミュニケーション支援ツールをカスタマイズしていくことが大切になっていくでしょう。

　そして iPad はもう１つの大きな特徴として，クリエイティブなアウトプ

ットをするのに非常に適
したツールという側面が
あります。iPad は写真，
ビデオ，デザインなどの
アウトプットにとても真
価を発揮します。今まで
ＰＣだと難しかったデジ
タルでのものづくり（デ
ジタルクリエーション）
が直感的にできるように

なります。iPad をアイデアや表現のツールとして活用すると，「この表現は
とってもいいね」「このアイデア素敵だね」とそれぞれの子どものよさを見
つけていく可能性が広がります。デジタルだとやり直しが簡単にできたり，
思いついたアイデアを保存しておいたり複製したりすることができる利点も
あります。そうしたデジタルの強みをうまく生かしながら，子どもたちのア
イデアや表現をどんな風に見つけ，引き出し，伸ばしていけるか。そのこと
が私たちにも問われていると思うのです。

　授業の中で iPad を活用することを考えると，どうしても従来の教科等の
授業にどう取り入れるか，そのためのアプリは何がいいのか，という視点だ
けになってしまうことが多いように感じます。むしろ iPad の強みを生かし，
写真やビデオ，デザインなどをアウトプットする活動をうまく授業に取り入
れられないか，子どもたちのアイデアや表現を iPad で引き出せないか，と
いう視点から授業づくりを行ってみてはいかがでしょう。ちょっとワクワク
してきませんか。その教師のワクワクが子どもたちにも伝わるような授業か
らスタートしてみましょう。きっと子どもたちの新たな可能性が見えてくる
ことと思います。

4

これからの社会で
求められることを意識する

◆ 社会と教育の「これまで」と「これから」

　社会は大きく変化してきています。教育もその社会に合わせた形でこれか
ら大きく変革することが求められています。2022年4月に内閣府 総合科学
技術・イノベーション会議 教育・人材育成ワーキンググループから
「Society 5.0の実現に向けた教育・人材育成に関する政策パッケージ（案）」
が発表されました。その中の「2．教育・人材育成システムの転換の方向性」
の中に，社会と教育の「これまで」と「これから」について解説がされてい
ます。

　これまでの工業化社会では，大量生産・大量消費の仕組みによって経済が
成長してきました。そうした社会を担う人材を育成するために，教育では，
同質性・均質性・同一の価値観のもとに，教師が知識を伝達し，指示した活
動を正確に行う力が重視されていました。いわば「みんな同じように」「す
でに決まっているルールのもとで」「言われた通りにやりなさい」という教
育が行われてきたといえます。それが図1右側のように，唯一の正解がなく，
多様な見方や考え方をもとに，新たな価値創造を希求する社会に変わってき
ています。教育においても，「個人個人のポテンシャルを引き出すために」
「様々な価値観があることを前提として」「一人一人の多様な幸せ（ウェルビ
ーイング）を目指し」「ワクワク学び続ける力や新たな価値を生み出す力」
を育てることが求められるようになっていきます。

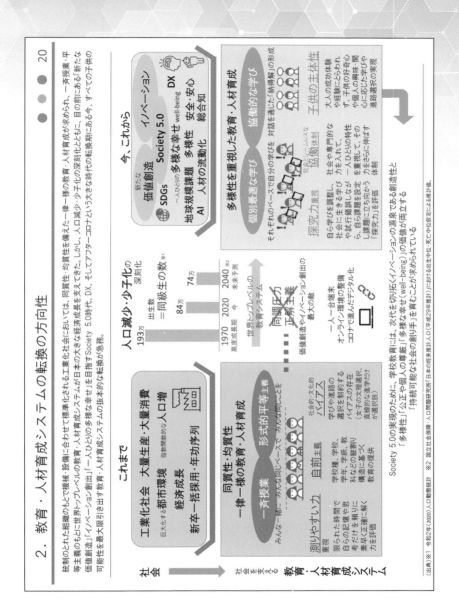

図1　社会と教育の「これまで」と「これから」
内閣府 総合科学技術・イノベーション会議 教育・人材育成ワーキンググループ（2022）
「Society 5.0の実現に向けた教育・人材育成に関する政策パッケージ（案）」より

◆ これからの特別支援教育

　特別支援教育はどのように変わっていくでしょうか。これまでは図1左側の教育が自明とされる中で，みんなと同じようにするのが難しい子どもたちの足並みを何とか揃え，指示した通りに行動できるよう支援する，というのが基本でした。それが図1右側のような教育システムに変わっていくとなると，本人の強みやよさを発揮し，新たな価値をどう生み出していくか，社会を担う当事者の一員としてどう力を発揮していくかという視点が大切になっていきます。これまでは「学校なんだから」「社会に出たら困るから」という共通認識のもとで，私たちの基準や価値観を子どもたちに押しつけていなかったか，「みんな同じように」「決められた通りに」指導ができないといけないと思い込んでいなかったか，そのことを考えていく必要があります。

　これからの学校が上記のような変化を遂げていくのであれば，特別支援教育を受けている子どもたちは以前より輝きが増していくのではないでしょうか。私たち教師も，子どもたちのユニークなアイデアや表現に新たな価値を見出したり，その子なりのよさや強みを発揮する可能性を学校段階で見つけたりして，それを育んでいく，そんな教育が展開すればとてもワクワクできるのではないかと思います。

◆ 目指すべき活用のあり方

　これからの教育を考えながら，あらためて1人1台配備されたiPadを活用しようとすると，様々な可能性が見えてきませんか。現状では，子どもたちも私たちも，iPadを動画を視聴したりゲームに興じたりする「インプット」のツールとして認識してしまっていることが多いかもしれません。あるいは授業で活用するとなっても，Webサイトでの調べ学習やファイルの配付・共有などがメインになっていることもあるでしょう。では，その活用をもう一歩進めるにはどのような段階が必要でしょうか。またどのような活用

の仕方が目指すべき目標になるのでしょうか。

　その１つの指標として，教育におけるICT活用には４つの段階があるとするSAMRモデル（Puentedura, 2010）があります。

Ruben R. Puentedura　2010 'A Brief Introduction to TPCK and SAMR'　　訳注：筆者

図２　SAMRモデル
Ruben R. Puentedura　2010 'A Brief Introduction to TPCK and SAMR'（http://www.hippasus.com/rrpweblog/archives/2011/12/08/BriefIntroTPCKSAMR.pdf）を一部改変，翻訳

　４つの段階とは，⑴代替（Substitution），⑵増強（Augmentation），⑶変容（Modification），⑷再定義（Redefinition）とされています。

　「紙で行っていた学習をICTで行うようになった」という活用は「S　代替」の段階です。GIGAスクール構想で１人１台端末が配備されたことに伴い，これが「A　増強」の段階に差しかかりました。子どもたちが多くの学習場面で日常的にICTを活用していく段階です。さらに活用を進めると，

目的に応じて ICT の活用を選択したり，ICT によって個別に学びを深め，それをもとに協働的な学びを可能にしたりする段階になります。これは「M 変容」の段階となり，学びが質的に変化するとされています。さらに「R 再定義」の段階では，これまでできなかった新たな実践が ICT により創造できるようになります。遠隔でチームとなり，学んだことのアウトプットを社会に発信して課題を解決する糸口を見つけたり，学びを通して人々のウェルビーイングに貢献したりするといったように，従来では想定できなかった新たな価値を創造する学びが実現する段階です。

　SAMR モデルでは，この４つは段階を経て実現していくことが示されています。さらに「A　増強」から「M　変容」への過程で質的な変容が生まれるとされており，それは「デジタルシフト」から「デジタルトランスフォーメーション」への転換とされています。

　iPad がアイデアや表現をアウトプットするツールとして活用できるのはどの段階でしょうか。ICT にしかできないことを子どもたちが実感し，様々なアウトプットを積み重ねていくことができれば，それは「M　変容」の段階に差しかかったといえるでしょう。さらに ICT により，学校外の様々な人たちとのコラボレーションが可能になり，新たな価値が社会に生まれていくようになれば，「R　再定義」の段階に到達したといえるかもしれません。特別支援教育を受ける子どもたちの学びが社会で新たな価値を創出していくこと。私たちはそれを目標として，学校現場での iPad 活用を進めていく必要があります。本書がそうした実践を進めていくためのヒントとなれば幸いです。

iPad ✕ 特別支援教育

iPad 活用のポイント

1

教材作成に役立つ iPad の機能

◆ クリエイティブな活用ポイント

iPad の機能のうち，教材を作成したり提示したりする際に役立つ機能をご紹介します。①画面収録，② Split View（スプリットビュー）と AssistiveTouch（アシスティブタッチ）の組み合わせによるスライド作成，③ Keynote Remote（キーノートリモート），の３つです。これらの機能をうまく活用することで，教材の作成や提示がよりスムーズに進められます。

◆ 機能

①画面収録

iPad には操作している画面をそのまま動画として収録できる機能があります。iPadOS 14以降では「設定」＞「コントロールセンター」を選択すると，「含まれているコントロール」「コントロールを追加」という２つのカテゴリーが表示されます。「コントロールを追加」のカテゴリーに「画面収録」がある場合は，左にある緑の「＋」アイコンをタップし，コントロールセンターに追加しましょう。次にホーム画面に戻り，iPad の画面の右上隅から下に向かってスワイプをします。するとコントロールセンターが開き，その中に白い二重丸のアイコンが表示されます。このアイコンをタップすると，カウントダウン後に画面の録画を開始できます。録画中は画面に赤い録画中のアイコンが表示されます。録画を停止する際は，このアイコンをタップす

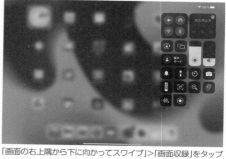

「設定」>「コントロールセンター」>「画面収録」　　「画面の右上隅から下に向かってスワイプ」>「画面収録」をタップ

画面中央上の「…」>「Split View」をタップ　　写真をドラッグアンドドロップで Keynote に挿入することができる

画面収録／Split View

ると停止することができます。画面収録では外部音声を録音することもできます。その場合は，画面収録のアイコンを長押しし，「マイク」をオンにしてから収録を開始します。録画した動画は「写真」アプリに保存されます。そのまま「編集」をタップすれば，必要に応じてトリミングを行うこともできます。この機能を使うと，アプリの操作方法を説明したい時などに動画で提示することが可能になります。

②Split View と AssistiveTouch の組み合わせによるスライド作成

　iPad には複数のアプリを同時に開くことのできる Split View という機能があります。Keynote と写真の２つのアプリを開き，スライド作成をする際にとても便利です。また AssistiveTouch にスクリーンショットの機

能を設定しておくと，アプリの操作手順などをスクリーンショットし，Split View で Keynote に挿入するといった手順がとてもスムーズになります。

　まず Split View から見ていきましょう。この機能は iPad の画面を分割して２つのアプリを表示できるようにするものです。iPadOS 16では，アプリを開くと画面の上にマルチタスクボタン（３つの点）が表示されるので，タップすると「フルスクリーン」「Split View」「Slide Over」の３つが表示されます。この中の「Split View」をタップします。使用しているアプリが左に移動してホーム画面が表示されるので，右側の画面に表示したいもう１つのアプリをタップすると，２つのアプリを表示させることができます。

　たとえば Keynote を開き，Split View で写真を右側に表示するようにします。Keynote のスライドに挿入したい写真をタップし，左側の Keynote にドラッグアンドドロップすると挿入することができます。

　さらに AssistiveTouch でスクリーンショットを設定してみましょう。「設定」＞「アクセシビリティ」＞「タッチ」＞「AssistiveTouch」を選択し，「AssistiveTouch」をオンにします。すると画面上に黒枠と白丸のアイコンが表示されます。次に「最上位メニューをカスタマイズ」をタップし，６つのアイコンのうち１つのアイコンをタップしてメニューを表示させましょう。メニューから「スクリーンショット」を選択すると，スクリーンショットの機能を割り当てることができます。ホーム画面に戻り Assistive Touch をタップします。するとメニューにスクリーンショットが表示されるので，タップでスクリーンショットができるようになります。これを組み合わせると，１つ１つの手順をスクリーンショットし，Split View で Keynote に挿入するといった操作がとてもスムーズにできます。

③Keynote Remote

　iPad で Keynote を再生する際にリモコンがあると授業内容の説明やプレゼンテーションがしやすくなります。Keynote Remote を活用すると，

「設定」＞「アクセシビリティ」＞「タッチ」　　　「AssistiveTouch」に「スクリーンショット」の機能を追加する

「…」（詳細ボタン）＞「リモコンを許可」　　　iPhone 側の Keynote ＞「Keynote Remote ボタン」

AssistiveTouch ／ Keynote Remote

iPhone（もしくはもう１台の iPad）を即席のリモコンに変えられます。

まず iPad，iPhone を Wi-Fi に接続します。Wi-Fi に接続できない場合，インターネット共有でもリモート接続は可能です。再生したい Keynote のプレゼンテーションを開き，ツールバーから詳細ボタン（3つの点）をタップし，「リモコンを許可」＞「Remote を有効にする」をオンにします。リモコンとして使う iPhone（iPad）も Keynote を開き，ツールバーの Keynote Remote ボタンをタップし，「続ける」をタップします。プレゼンテーションを行う iPad 側で，「Remote 設定」の下にある「リモートデバイス」の「リンク」をタップします。iPad，iPhone に同じ４桁のパスコードが表示されているのを確認し，「確認」をタップすると，リモコンとして使用することができるようになります。

カメラ／写真

◆ クリエイティブな活用ポイント

　カメラ／写真を活用するだけでも様々なデジタルクリエーションが可能です。撮影した写真をマークアップで編集すると，写真の中に自分なりの思いや表現を込めた作品に仕上げることもできるようになります。

◆ 機能

①グリッド表示

　写真を撮る際に，構図を少し意識すると素敵な写真が撮れるようになります。たとえば「三分割法」という撮影手法があります。これは，水平線と垂直線それぞれ２本ずつを等間隔に配置して画面を９等分し，写真の中で強調したい被写体をそれらの線の上や線同士の交点に合わせる方法です。

　「設定」＞「カメラ」と選択し，「構図」の「グリッド」をオンにすると，カメラを起動した時に画面を９等分する線を表示させることができます。

②テーマを決めて撮影する

　被写体そのものを撮影する方法の他に，色（赤いもの），形（丸いもの），線（波線），模様などから１つテーマを決めて，そのテーマに合うものを探して撮影していくと，ありふれたように感じる身の回りのものでも，全く違う新鮮な作品が生まれるかもしれません。

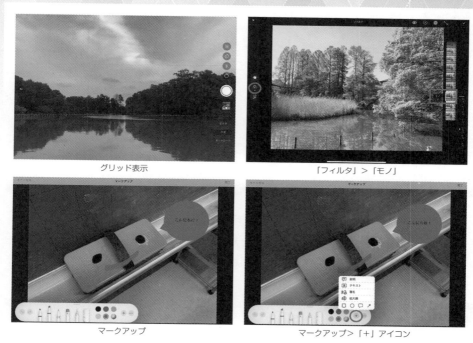

グリッド表示	「フィルタ」＞「モノ」
マークアップ	マークアップ＞「＋」アイコン

カメラ／写真の各機能について

③写真の編集（フィルタ／マークアップ）

　撮影した写真を編集することで，さらに魅力的な作品にすることもできます。「編集」＞「フィルタ」＞「モノ」でモノクロームにしてみると，被写体の光や質がより生かされた作品になることもあるでしょう。

　また，「編集」＞「マークアップ」で写真に絵や文字を描き込んでいくこともできます。「マークアップ」は，ペン，マーカー，鉛筆の３種類があり，指や Apple Pencil で写真の上に描くことができます。さらに「＋」アイコンをタップして「テキスト」や「吹き出し」を入れたりすることも可能です。

　撮影した写真を編集して顔を描いてみたり，吹き出しを付けてみたりすると，子どもたちのアイデアや表現が生かされた作品に仕上げることができると思います。

ビデオ①
iMovie ／ Clips

◆ クリエイティブな活用ポイント

　iPad ではビデオの制作が手軽にできるようになりました。グリーンスクリーンを活用して合成動画をつくったり，音楽（サウンドトラック）を追加して仕上げたりすると，子どもたちの作品が生き生きとしたものになります。

◆ 機能

①iMovie（基本的な編集機能）

　ビデオのトリミングや複数のビデオを結合するには，iMovie がとても便利です。切り替え（トランジション）やタイトルなどの効果を活用したり，音量や速度の調整をしたりすることができます。「オーディオ」＞「サウンドトラック」からビデオに合わせた音楽を追加することができます。

②iMovie（グリーン / ブルースクリーン）

　まずグリーンやブルーのスクリーンの前に被写体を入れたビデオを撮影します。iMovie に風景などを撮影した写真やビデオを挿入し，さらにスクリーンの前で撮影したビデオを選択して，「…」＞「グリーン / ブルースクリーン」をタップすると，２つのビデオが合成され，風景の前で撮影したようなビデオに加工することができます。子どもたちが様々な風景や物語の世界に入って演じたりするようなビデオの作成に活用ができます。

iMovie の「トランジション」

iMovie の「オーディオ」＞「サウンドトラック」

Clips の「テキストラベル」の挿入

Clips の「ライブタイトル」の設定

iMovie ／ Clips の各機能について

③Clips

　写真やビデオに簡単にテキストやステッカーを挿入できるのが Clips の魅力です。テキストやステッカーはアニメーション化されており，作品を効果的に表現するのに活用ができます。またポスターという効果をビデオの間に挿入すると，タイトルや解説を分かりやすく加えることもできます。「♪」＞「サウンドトラック」でビデオに音楽を追加すると，まとまりのある作品に仕上げられます。

　Clips には撮影中に iPad に向かって話すと，画面上に話した内容をテキストにして表示できる「ライブタイトル」という機能があります。動画中の音声言語を文字で補完できるので，話している言葉を視覚的に分かりやすく表示するなど，音声に聞こえづらさがある場合に活用のできる機能です。

4

ビデオ② Keynote／KOMA KOMA for iPad

◆ クリエイティブな活用ポイント

Keynote でアニメーションやトランジションを追加したり，描画で書いた文字や絵にアニメーションを追加したりしてムービーに書き出し，ビデオを制作することができます。また KOMA KOMA for iPad はシンプルなインターフェースで，コマ撮りアニメーションを簡単に作成することができます。

◆ 機能

①Keynote（アニメーション／トランジションの活用）

Keynote には様々な図形がプリセットされています。図形を挿入して「アニメーション」を選択すると，図形を出現させたり移動させたりすることができます。たとえば「アクションを追加」＞「パスを作成」で，図形を好きな方向に移動させるアニメーションを付けることができます。「トランジション」ではスライド間の移動に視覚的効果を付けられます。

②Keynote（描画）

画面中央上の「写真」アイコン＞「描画」を選択すると，指で直接書くことができます。Apple Pencil があれば，スライド上の好きな場所をタップすると描画モードになります。書いた文字や絵に「線描画」のアニメーションを付けると，書いた筆順を再現することができるようになります。

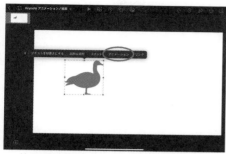

Keynote の図形に「アニメーション」を追加する時

Keynote で「描画」を行う時

KOMA KOMA for iPad の設定画面

KOMA KOMA for iPad の作品を「カメラロールに保存」する時

Keynote ／ KOMA KOMA for iPad の各機能について

③Keynote「ムービーに書き出し」

　アニメーションやトランジションを追加したら，画面左上のツールバーにある∨をタップし，「書き出し」＞「ムービー」＞「ビデオに保存」で写真アプリにビデオとして保存することができます。

④KOMA KOMA for iPad

　1コマずつ撮影し，コマ撮りアニメーションを制作できるアプリです。iPad を固定するスタンドがあると撮影がしやすいです。画面左上の設定アイコンから，コマ撮りのスピードを変えたり，インターバル撮影の設定をしたりすることができます。完成したら「カメラロールに保存」を選択するとビデオとして書き出されます。

5

デザイン
Keynote ／ Pages

◆ クリエイティブな活用ポイント

　Keynote や Pages を活用すると，デザイン性の高いアウトプットが作成できます。直感的な操作性を生かし，ポスターを制作したり，デジタルブックを作成したりと，いろいろな授業に展開することが可能です。

◆ 機能

①Keynote（書類設定／書き出し）

　画面左上のツールバーにある∨をタップし，「プレゼンテーションオプション」＞「プレゼンテーション設定」＞「スライドのサイズ」から「3：4」を選択すると，縦長のポスターを制作しやすくなります。また「刷毛」アイコン＞「背景」でスライドの背景の色を変えることができます。ポスター等を制作し印刷したい場合は，プレゼンテーションの名前をタップし，「書き出し」＞「PDF」に書き出します。

②Pages（テンプレート）

　Pages には，ちらしやポスター，ニュースレターなどがテンプレートとして用意されており，そのまま活用して作成をすることが可能です。
　写真や絵を挿入する際に「イメージギャラリー」を活用すると，複数の写真や絵を1つの場所に表示して，1枚ずつスワイプで表示ができるようにな

Keynote で「書類設定」を行う時

Keynote で「スライドのサイズ」を変更する時

Pages のテンプレート画面

Pages で書き出しを行う時

Keynote ／ Pages の各機能について

ります。また「オーディオを録音」を活用すると，音声を挿入することもできます。これらの機能は，デジタルブックなどを作成する時に活用が可能です。

③Pages「電子書籍（EPUB）に書き出し」

　Pages は，ファイルの名前をタップし，「書き出し」＞「EPUB」を選択して，「共有」を「ブック」アプリにすると，ブックアプリケーションで閲覧できる電子書籍を作成できます。EPUB ファイルを読み取れるアプリがあれば，Apple 以外の端末でも表示できます。デジタルでアルバムを作成する際などに活用が可能です。

6

音楽
GarageBand

◆ クリエイティブな活用ポイント

　GarageBand を活用すると音楽がとても身近になります。「Smart Drums」を活用してリズムを作成したり，「LIVE LOOPS」で様々なセルをタップして即興で音楽を演奏したりできると，子どもたちのアイデアで素敵な曲が完成します。さらにつくった曲を映像と組み合わせることも可能です。

◆ 機能

①GarageBand（TRACKS）

　「＋」アイコン＞「TRACKS」＞「DRUMS」＞「Smart Drums」もしくは「ビートシーケンサー」を選択すると，様々な打楽器のアイコンをドラッグしたりタップしたりしてリズムを作成することができます。リズムのテンポを変えたい場合は，「設定ボタン」＞「テンポ」を選択し，数値を変えて変更します。作成したリズムを録音してから，「トラックボタン」をタップし，「＋」アイコンで「AUDIO RECORDER」＞「ボイス」を選択すると，リズムに重ねて声を録音することができます。

②GarageBand（LIVE LOOPS）

　「LIVE LOOPS」を使うと簡単な曲づくりがすぐにできます。「＋」アイコン＞「LIVE LOOPS」を選択すると，様々なジャンルのテンプレートが

「TRACKS」>「DRUMS」の画面

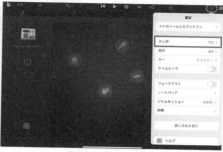

曲のテンポを変えたい時

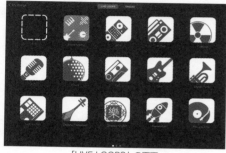

「LIVE LOOPS」の画面

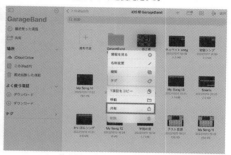

曲を別のアプリで共有したい時

GarageBand の各機能について

用意されており，その中の「セル」をタップすると音源が再生されます。録音をしながら，途中でセルを変えて曲調を変化させることもできます。

③GarageBand（iMovie や Clips で開く）

　曲を録音したら，画面左上の「ファイル」アイコンをタップし，作成した曲を長押しして「名称変更」をしておきます。再度長押しをして「共有」>「曲」>「送信」をタップします。「次の方法で開く」が表示され，iMovie や Clips のアイコンが表示されたら選択します。もしアイコンが表示されなかったら，「その他」をタップして探してみましょう。iMovie や Clips を選択するとアプリが開き，作成した曲を挿入することができます。任意のビデオに GarageBand の曲を組み合わせることができるようになります。

7

プログラミング
Viscuit

◆ クリエイティブな活用ポイント

　Viscuit はとてもシンプルなプログラミング言語です。自分で描いた絵や模様を「メガネ」の中に入れるというルールに沿って，絵を動かしたり変化させたりすることができます。絵や動かし方を工夫して表現でき，1つの画面に作品を集める「ビスケットランド」という機能もあります。

◆ 機能

①Viscuit の基本

　現在（2023年4月）は，Web ブラウザ（Edge，Chrome，Firefox，Safari）での利用が可能です。初めて取り組む場合は，Viscuit のサイトから「がっこうでつかう」＞「がっこうでつかう　いりぐち」＞「やってみる」を開き，「ビスケットのきほん」の内容を確認しておくといいでしょう。「お弁当」からスタートし，ステップを踏んで取り組むととても分かりやすいです。「指導者向け資料」の中に詳しい進行手順書や解説スライドが掲載されています。作品を保存したり，クラスの他のタブレットの画面を表示したりするには，有料の「きょうしつでビスケット」のサービスを利用する必要があります。

②メガネの使い方

　絵を画面左側のステージに入れ，メガネを画面右側に入れて，メガネの左

Viscuit の「がっこうでつかう」の画面

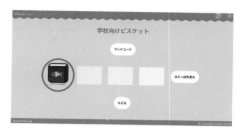
「ビスケットのきほん」

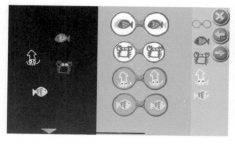
「海の生き物」のプログラム画面

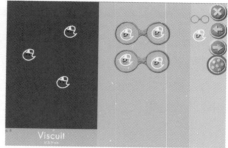
「ビスケットランド」を表示する時

Viscuit について

に絵を入れ，反対側（右）にも入れると，ステージの絵が動き出します。

　右のメガネの絵を少しずつずらすと，絵を動かす方向やスピードを変えることができます。たとえば図の「海の生き物」では，4種類の生き物をそれぞれいろいろな方向に動かす命令をプログラムして表現しています。

③「ビスケットランド」の使い方

　「きょうしつでビスケット」の中には，あらかじめ設定したグループ内で制作している画面を共有できる「ビスケットランド」の機能があります。制作画面で「点々ボタン」を押してグループビュー画面を開き，「ランドボタン」を押すと，参加しているグループ全員の絵や模様を共有して鑑賞することができます。

8

アクセシビリティ機能

◆ クリエイティブな活用ポイント

　iPad には様々なアクセシビリティ機能が標準搭載されています。子ども
たちの実態や特性に応じて，視覚，身体と動き，聴覚，学習上のニーズに配
慮した様々な機能を活用できます。ここでは，教材作成や授業で iPad を活
用する際に知っておくと便利な機能についてご紹介します。

◆ 機能

①AssistiveTouch（アシスティブタッチ）

　指で画面を細かく操作することが難しい場合に，AssistiveTouch を使用
すると，複雑なアクションやジェスチャーを行うことができます。「設定」
>「アクセシビリティ」>「タッチ」>「AssistiveTouch」を選択し，
「AssistiveTouch」をオンにします。画面のポインター代わりに使用する
こともできます。「最上位メニューをカスタマイズ」を選択すると，
AssistiveTouch をタップした際に行うアクションをカスタマイズするこ
とができます。画面のスクロールやダブルタップ，長押しなどが難しかった
りする場合や，よく使う機能をすぐに呼び出したりしたい場合に，メニュー
をカスタマイズしておくと，タップだけでその操作を行うことができるよう
になります。

「アクセシビリティ」＞「画面表示とテキストサイズ」の画面

「画面表示とテキストサイズ」＞「反転（スマート）」

「アクセシビリティ」＞「読み上げコンテンツ」の画面

テキストの読み上げ

アクセシビリティの機能について

②画面表示とテキストサイズ

　画面が見えづらい場合に文字のサイズを大きくしたり，黒地に白文字の画面に反転させたりすることができます。「設定」＞「アクセシビリティ」＞「画面表示とテキストサイズ」を開いて設定します。反転の「スマート」は画面の色は反転しますが，画像などは反転しない表示方法です。

③読み上げコンテンツ

　「設定」＞「アクセシビリティ」＞「読み上げコンテンツ」＞「選択項目の読み上げ」をオンにします。入力したテキストやサイトのテキストなどを選択すると「読み上げ」が表示され，選択したテキストを iPad で読み上げることができます。

9

コミュニケーション支援
DropTap

◆ クリエイティブな活用ポイント

　2000語のシンボルと音声が搭載されているコミュニケーション支援アプリの DropTap は特別支援教育向けに開発されたアプリです。シンボルを組み合わせて音声で伝えるといったコミュニケーションが可能になります。また iPad の Split View 機能と組み合わせると，教材作成にも活用ができます。

◆ 機能

①ボードの作成

　シンボル（ドロップス）を組み合わせて，コミュニケーションのためのボードを作成することができます。「編集」＞「新しいボード」＞「コミュニケーション」を選択し，「＋」「－」アイコンをタップしてシンボルの数を調整します。シンボルを追加するには「＋」をタップし，「ドロップス」を選択します。ドロップスはカテゴリーに分かれており，キーワード検索も可能です。ボードを作成したら「保存」して「完了」をタップすると，使用ができるようになります。ドロップスにはあらかじめ音声が入っており，そのままタップすると内容に応じた音声が再生されます。写真や別のイラスト等を挿入したい場合は，「＋」＞「詳細編集」＞「アルバム」を選択して挿入できます。音声はマイクアイコンをタップして録音をすることができます。

「DropTap」で新しいボードを作成する時 　　　　　「新しいボード」の作成画面

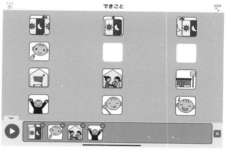

「シンボル詳細編集」の画面 　　　　　　　　　　「センテンスモード」の画面

DropTap の各機能について

②センテンスモードの活用

　複数のシンボルを並べて順番に再生する時に活用します。「○○ください」といった内容や「いつ」「どこで」「誰が」「何をした」といった内容をシンボルの組み合わせで伝えることができます。

　「設定」＞「動作モード」＞「センテンス（文章）」を選択し，「とじる」をタップします。すると画面の下部にシンボルを挿入する枠が表示されます。

　あらかじめ作成したボードを1つ選択しましょう。ボード内のシンボルを1つずつ選択してタップすると，下部の枠の中にタップした順番に表示されます。該当するシンボルがボードにない場合は，別のボードを開いてシンボルを追加することもできます。「×」ボタンをタップし，シンボルを消したり枠をはじめの状態に戻したりすることができます。

第 **3** 章

iPad ✕ 特別支援教育

クリエイティブな実践アイデア

単元や各授業のイメージづくり

用いるアプリ

Keynote（Apple）／DropTap（Droplet Project）／NHK for School（NHK）

◆ 概要

　単元や各授業のテーマを視覚的に分かりやすく伝えるのに，ICT は非常に便利です。子どもたちが理解しやすく，単元のイメージがしやすい教材を作成するには，いくつかポイントがあります。写真・イラスト・シンボル・テキストなどでスライドを作成する際のコツ，授業者本人を入れた解説動画の作成方法などについてご紹介します。

①Keynote

　Keynote でスライドを作成して授業の導入時に説明をしたり，写真や動画で単元のイメージを高めたりする場面は数多くあると思います。その際に，スライドはよりシンプルにまとめ，情報を盛り込みすぎないことがポイントです。授業内容にもよりますが，写真は複数枚を1枚のスライドに入れるよりも，よりイメージのしやすい1枚を選んで提示することができるとベストです。イラスト・テキストなども本当に必要なものだけをシンプルに提示するようにしてみましょう。アニメーションやトランジションを活用する際にも，あまり多用せずに必要なポイントを効果的に提示するために活用するようにしましょう。

　スライドの作成には，第2章でご紹介した Split View や Assistive Touch を活用し，効率的に行ってみましょう。

「AssistiveTouch」でスクリーンショットを行う

スクリーンショットした画像にマークアップで手順を入力していく

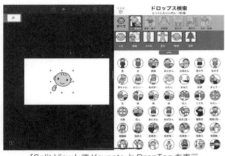
「Split View」で Keynote と DropTap を表示

「クリエイティブ・コモンズライセンス」の表示の仕方

教材作成に便利な機能
（AssistiveTouch ／ Split View ／クリエイティブ・コモンズライセンス）

②シンボルの活用

　言語で説明するより，シンボルを効果的に活用すると視覚的に分かりやすい場面も多くあると思います。DropTap（第2章9参照）の中に収納されているドロップスを表示し，Split View 機能でスライドにドラッグさせて挿入するととても便利です。ドロップスについては，「ドロップレット・プロジェクト」の Web サイトでも基本的なシンボルのダウンロードができるようになっています（https://droptalk.net/?page_id=116）。

③クリエイティブ・コモンズライセンス

　インターネットから画像を挿入する際は，著作権についても知っておくと

よいと思います。Googleで画像検索をすると，ライセンスフリーの画像に絞って検索をする「クリエイティブ・コモンズライセンス」という機能があります。画像検索をした後に，「ツール」＞「ライセンス」＞「クリエイティブ・コモンズライセンス」を選択すると，ライセンスフリーの画像のみを表示することができるようになります。著作権者の許可が必要となる著作物については，学校の授業での利用については例外措置として使用が許可されていますが，学校外に授業内容を発信する場合には原則的に許可が必要になることを理解しておきましょう。

【参考文献】文化庁長官官房著作権課 「学校における教育活動と著作権」
https://www.bunka.go.jp/chosakuken/hakase/pdf/gakkou_chosakuken.pdf

④NHK for School の活用

　授業の導入で動画を活用すると，イメージをより高められる場面があります。NHK for School は番組自体が短時間で構成されていて授業に組み込みやすいのと，内容に合わせて動画クリップを検索することもできるよさがあります。Web サイトで NHK for School を開くと，「先生向け」という表示があり，これをオンにすると「動画クリップセレクション」「授業で活用するヒント」が表示されたり，番組ごとの指導案を参考にしたりできるようになります（https://www.nhk.or.jp/school/）。

　「ストレッチマン・ゴールド」「スマイル！」「でこぼこポン！」など特別支援向けの番組もありますし，総合的な学習の時間や特別活動で活用できる番組もあります。「先生向け」のページにある「NHK for School 実践データベース」「GIGA サポ 考える授業やるキット」などから参考になる授業例が見つかるかもしれません。第3章20・21では，SDGs（持続可能な開発目標）を学ぶ授業の中で番組を活用した実践をご紹介します。

⑤授業者本人を入れた解説動画の作成方法

　解説動画を作成する場合は，Keynote のライブビデオの機能が活用でき

NHK for School の「先生向けモード」

「ライブビデオ」の挿入

「ライブビデオ」の大きさ・形状・背景の変更

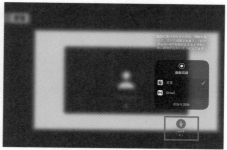
「画面収録」でマイクをオンにする

教材作成に便利な機能（NHK for School ／ライブビデオ）

ます。Keynote のプレゼンテーションを開き，「＋」アイコン＞「ライブビデオ」をタップします。スライドに表示されたライブビデオをタップし，「刷毛」アイコンをタップすると，大きさや形状，背景の有無を変更できます。各スライドにライブビデオを挿入していくと，スライドを切り替えながら授業者が説明をしていくプレゼンテーションを作成することができます。コントロールセンターから画面収録を選択し，長押しでマイクをオンにしてから収録を開始すると，音声を挿入した録画ができます。

<table>
<tr><td rowspan="2">ま
と
め</td><td>・スライドはシンプルにまとめ，情報を盛り込みすぎない</td></tr>
<tr><td>・Keynote のライブビデオ機能を活用すると解説動画を作成できる</td></tr>
</table>

ワークシートの作成，舞台背景づくり

用いるアプリ

Keynote（Apple）／ Pages（Apple）／ iMovie（Apple）

◆ 概要

　Keynote，Pages，iMovie などを活用し，様々な教材作成に応用することができます。ここでは，Keynote や Pages のイメージギャラリーを活用したワークシートの作成，iMovie のグリーンスクリーン機能の活用，Keynote による舞台背景づくりについてご紹介します。

◆ 授業の流れ／留意点

①ワークシートの作成

　iPad で写真を撮ってコメントや簡単な文を入れたりする学習の場面は多くあると思います。その際に，撮影した写真を挿入する枠やテキストの枠をあらかじめ作成したワークシートを準備しておくと，まとめがしやすくなります。これを Keynote や Pages でシンプルに作成する方法をご紹介します。

　まず Keynote や Pages で「＋」アイコンをタップし，新規作成をします。Keynote の場合は「スライドのサイズ」を「３：４」の縦型のスライドにしておくこともできます。Pages の場合は，あらかじめプリセットされているテンプレートを選択してもいいですし，「空白」から作成する方法もあります。

Keynote：「写真」アイコン＞「イメージギャラリー」を選択

「＋」アイコン＞「写真を選択」から写真を挿入する

Pages：「写真」アイコン＞「イメージギャラリー」を選択

「＜」「＞」をタップして写真を表示する

Keynote ／ Pages でのワークシートの作成

②イメージギャラリーの挿入

　Keynote や Pages を開いたら，「写真」アイコン＞「イメージギャラリー」を選択すると，「イメージギャラリー」が挿入されます。「＋」アイコンをタップすると，「写真を選択」「写真を撮る」「挿入元 …」の３つが表示されます。「写真を選択」をタップし，挿入したい写真を選択して「追加」をタップします。すると「イメージギャラリー」の枠の中に写真が入ります。複数の写真を選択して追加すると，「＜」「＞」をタップして表示ができます。

　Pages の場合はテキストをそのまま入力できます。Keynote の場合は「図形」アイコン＞「基本」＞「テキスト」を選択し，テキスト枠を挿入します。こうしたワークシートを準備しておくと，写真とテキストを枠の中に収めて作成することができます。

③iMovie のグリーン / ブルースクリーン機能の活用

　iMovie ではグリーン / ブルースクリーンエフェクトを使って，ビデオの背景を変えることができます。舞台発表などで場面に合わせた背景を合成した動画を作成することが可能です。まず場面の背景となる写真や動画をあらかじめ準備しておきましょう。次にその背景に合成するためのビデオ撮影を行います。グリーンスクリーンまたはブルースクリーンを準備し，その前で演技等を撮影します。ブルーシートでも撮影は可能ですが，布地のスクリーンと違って，シートに反射した光がビデオに映り込んでしまう場合があります。可能であれば専用のグリーンスクリーンまたはブルースクリーンを準備しましょう。また，緑色の衣服を着用している場合はブルースクリーン，青色の衣服を着用している場合はグリーンスクリーンを使用しましょう。

　ビデオの撮影が終わったら，iMovie を開き，まず背景となる写真や動画を挿入します。グリーンスクリーンの前で撮影したビデオを挿入したい位置にタイムラインを合わせます。「ビデオ」からグリーンスクリーンの前で撮影したビデオを選択し，「…」（詳細ボタン）＞「グリーン / ブルースクリーン」をタップします。すると，緑色もしくは青色の部分が自動的に除去されて透明になり，背景となる写真や動画と合成することができます。

④Keynote を舞台背景に活用する

　学習発表会の舞台背景を Keynote で制作し，プロジェクターで投影して使用するという方法があります。舞台の奥行きが狭い場合は，舞台の中ではなく前面にプロジェクターを設置し，演じる生徒たちのシルエットが背景に映り込む形の演出にすることもできます。生徒たちの衣装や小道具のシルエットが背景に映り込み，演題のイメージに沿った幻想的な演出が可能になります。

　プロジェクターは輝度の高いものを準備しておきます。投影したスライドを切り替えることで場面転換ができるので，舞台全体のイメージを伝わりやすくすることができます。

iMovieに背景となる動画を挿入し，グリーンスクリーンの動画を選択

「グリーン／ブルースクリーン」を選択

背景となる動画に合成することができる

Keynoteを舞台背景に活用する

iMovie（グリーンスクリーン）・Keynoteの舞台背景での活用

　　舞台のテーマにもよりますが，教科の授業等で取り組んだ作品をスライドの中に取り入れると，作品の紹介も合わせて行うことができます。

※舞台背景で使用したイラスト
　「シルエットAC」 https://www.silhouette-ac.com

まとめ
・ワークシートの作成で写真の挿入やテキストの挿入が簡単になる
・iMovieやKeynoteをうまく活用して，子どもたちのイメージや表現をさらに広げることができる

Keynote でスポットライトづくり

用いるアプリ

Keynote（Apple）／ブック（Apple）

◆ 概要

　Keynote の図形やアニメーションをうまく活用すると，子どもたちがワクワクするような教材を作成することができます。ここでは，スポットライトが動き回っていくアニメーションをつくり，クイズやプレゼンテーションを効果的に行う方法をご紹介します。

Toyama Hiroyuki「ENJOY KEYNOTE　iPad で Keynote を楽しむ Tips ②
図形を使ったテクニック」（Apple Books）

◆ 授業の流れ／留意点

①Keynote の図形の活用

　Toyama Hiroyuki「ENJOY KEYNOTE　iPad で Keynote を楽しむ Tips ② 図形を使ったテクニック」（Apple Books）を参考に作成します。まず Keynote にクイズの正解となるイラスト等を挿入します。次に「図形」アイコン＞「基本」を選択し，四角形を挿入します。ここで四角形をタップし，「刷毛」アイコン＞「スタイル」＞「塗りつぶし」を選択し，黒以外の色に変更しておくと，その後の作業が操作しやすくなります。次にスライド全体を小さく表示し，四角形をタップして，小さく表示したスライドの９倍ほどの大きさに拡大します。次に「図形」アイコン＞「基本」を選択し，四角形の上に円を挿入します。

隠したい図形やイラスト等に「スポットライト」を当てる

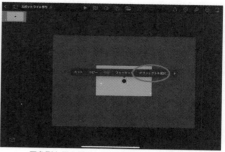

四角形と円を挿入し「オブジェクトを選択...」

右下の「終了」をタップする

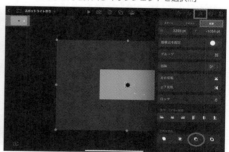

「刷毛」アイコン>「配置」>「図形を減算」

スポットライトづくり①

②四角形から円を切り抜く（図形の減算）

　Keynote では，図形を別の図形と結合したり（結合），図形と別の図形が重複している領域から図形を作成したり（交差），別の図形の上に配置されている図形を削除したり（減算），複数の図形の重複している領域を除外した図形を作成したり（除外）する操作ができます。ここでは減算を活用して，四角形から円を切り抜く操作を行います。

　円をタップし，表示されたメニューから「オブジェクトを選択...」をタップします。その状態で「円」「四角形」の２つの図形をタップし，「終了」をタップします。２つの図形が選択されている状態で「刷毛」アイコン>「配置」>「図形を結合」>「図形を減算」をタップします。すると，四角形の中にある円が切り抜かれて，下のスライドが見える状態になります。

③図形にアニメーションを付ける⑴（パスの作成）

　丸くくり抜かれた四角形をスポットライトのように動かす設定をしてみましょう。四角形をタップし，表示されたメニューから「アニメーション」を選択します。「アクションを追加」＞「パスを作成」を選択します。これは指で動かした軌跡がそのままアニメーションになるものです。下のスライドに隠されたイラスト（もしくは図形・写真・テキストなど）にスポットライトを当てるようなイメージでゆっくり動かしてみましょう。クイズを作成するのであれば，隠された正解が分かりそうで分からないような動かし方を工夫してみるといいかもしれません。動かした軌跡はその場で確認ができ，消去してやり直すこともできます。できあがったら「終了」をタップします。

　アニメーションの速度を変えたい場合は，「終了」後に表示される「モーションパス」をタップし，「継続時間」を調整してみましょう。左にスライドすると時間が短くなり，速度が速くなります。また右にスライドすると時間が長くなり，ゆっくりした速度に設定することができます。設定が終わったら，「完了」をタップします。

④図形にアニメーションを付ける⑵（ビルドアウト）

　スライドを再生した時に，もう一度タップしたらスポットライトが消え，正解が現れるようにアニメーションを付けてみましょう。四角形をもう一度タップし，表示されたメニューから「アニメーション」を選択します。今度は「ビルドアウトを追加」を選択し，四角形が画面から消失する動きを設定します。アニメーションはタップするとプレビューができるので，どのアニメーションが効果的か確認してみましょう。選択したら，「完了」をタップします。

⑤図形の色を変更する

　四角形をタップし，「刷毛」アイコン＞「スタイル」＞「塗りつぶし」を選択し，色を変更します。どの色が効果的か工夫してみましょう。

「アニメーション」>「アクションを追加」

「パスを作成」を選択する

「モーションパス」の継続時間を変更する

「アニメーション」>「ビルドアウトを追加」

スポットライトづくり②

⑥再生して確認する

　スポットライトの動きを変更したい場合は，四角形をタップし，表示されたメニューから「アニメーション」>「モーションパス」>「パスを再描画」で再度設定ができます。

　学習場面でクイズを作成したり，子どもたちに注目してほしい箇所を強調したりする際にも活用できると思います。いろいろな教材づくりに応用してみてください。

まとめ
・図形とアニメーションを活用すると，楽しい教材が制作できる
・クイズやプレゼンテーションに効果的な活用ができる

GarageBand × Keynote で演奏しよう

用いるアプリ

GarageBand（Apple）／メモ（Apple）／Keynote（Apple）

◆ 概要

　GarageBand と Keynote を組み合わせると，楽器の演奏が難しくても画面をタップして様々な音を奏でることができます。GarageBand で曲やテーマに合わせて音源を録音し，Keynote に挿入します。Keynote のスライドごとに音を入れておけばコードのある曲の演奏も可能ですし，効果音を入れて演奏することもできます。

◆ 授業の流れ／留意点

①GarageBand で音源を探す（TRACKS）

　曲やテーマに適した音源を GarageBand で探してみましょう。「＋」アイコン＞「TRACKS」を選択し，各楽器の中に適した音源がないか調べてみます。たとえば「キラキラしたキーボードの音を録音したい」ということであれば，「KEYBOARD」＞「Alchemy シンセ」を選択します。音色を変えるには，画面中央上にある音色名をタップします。すると音色を選択する画面が開きます。ここでは「Arpeggiated」＞「Luscious Arp Layers」を選択して「完了」をタップします。さらに画面右端にある「コード・ストリップ・ボタン」をタップすると，コードが表示されるので，曲に合わせてコードを演奏することもできます。初めはCメジャーに設定されていますが，別のコードに転調したい場合は「設定ボタン」＞「キー」を選択して変更す

画面中央上の音色名をタップ

「Arpeggiated」 > 「Luscious Arp Layers」 > 「完了」

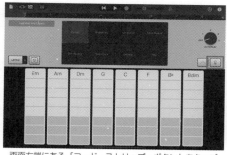
画面右端にある「コード・ストリップ・ボタン」をタップ

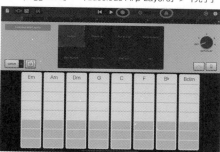
メトロノームをオフ>「録音」ボタンをタップ

GarageBand による音源の録音

ることができます。

②GarageBand で音源を探す（LIVE LOOPS）

「＋」アイコン＞「LIVE LOOPS」を選択すると，ループ（繰り返し）の音源がジャンルごとに分類されています。たとえば効果音を録音したい場合は，「Sound Library」から「トイボックス」をダウンロードすると，「動物の鳴き声」「乗り物の音」「宇宙をイメージする音」などが演奏できるようになります。「TRACKS」と同じように録音することができます。

③GarageBand で音源を録音する

音源が決まったら録音を行います。録音の前にメトロノームのアイコンを

タップしオフにしておきましょう。録音ボタンをタップしてキーボードを演奏し，終わったら停止ボタンを押しましょう。画面左上のファイルアイコンをタップすると保存されるので，ファイルを長押しし，「名称変更」をタップして曲の名前を付けておきましょう。

④録音した曲を送信し，「メモ」に保存する

　名前を付けたファイルをもう一度長押しして「共有」をタップします。「曲を送信」の画面が表示されるので「曲」を選択します。「オーディオの品質」は「中音質」を選択し「送信」をタップします。どこに保存するかの選択画面が表示されるので「メモ」を選択し，保存してみましょう。「曲を書き出し中...」と表示された後に，メモにオーディオ録音（曲）が挿入された画面が表示されます。保存先に「iPad」を指定し，画面右上の「保存」をタップしましょう。すると GarageBand のファイルが曲として書き出され，新規メモに保存されます。

⑤Keynote を作成し，Split View で GarageBand の音源を挿入する

　Keynote で，演奏する児童生徒の好きなイラストや合奏する曲のイメージに合ったイラスト等を挿入したスライドを作成します。次にメモに保存した GarageBand の曲を Keynote に挿入する操作を行います。第２章１②でご紹介した Split View を行い，Keynote とメモの２つのアプリを表示しましょう。メモに保存されているオーディオ録音（曲）をドラッグアンドドロップで Keynote に挿入すると，音源を再生できるアイコンがスライド上に追加されます。イラスト等と音源を再生するアイコンを重ねておくと，Keynote を再生した際に，イラストをタップすれば音源が再生できるようになります。スライドごとに１つずつ音源を再生すれば，タイミングを合わせて演奏がしやすくなります。

Keynote × GarageBand で演奏をしている様子

⑥Bluetoothスピーカーと iPad を接続して演奏する

　演奏する際は Bluetooth スピーカーに接続するといいでしょう。「設定」＞「Bluetooth」と選択し、「Bluetooth」をオンにしてから、スピーカーの名前をタップすると接続することができます。

⑦リズムに合わせて演奏することが難しい場合

　合奏などでタイミングよく演奏することが難しい場合は、曲想の表現をさらに豊かにするような効果音を演奏するようにしてみてはいかがでしょう。タップだけで参加ができる合奏も可能性を広げる１つになると思います。

まとめ

- iPad を楽器にして演奏に参加できる
- コード演奏や効果音などをうまく使えば、曲想の表現を豊かにできる

写真を撮ろう

用いるアプリ

カメラ（Apple）／写真（Apple）／ブック（Apple）

◆ 概要

iPad で写真を撮ることは簡単にできますが，ちょっとしたコツを学んでおくとさらに素敵な写真を撮ることができます。Apple Books を活用し，構図やデザインについてイメージを広げるようにしてみましょう。また撮影した後で，写真アプリの「マークアップ」の機能をうまく活用し，クリエイティブな表現を生かした作品づくりに取り組むこともできます。 Apple Education「Everyone Can Create : 写真」（Apple Books）

◆ 授業の流れ／留意点

①写真についての説明（Apple Books の活用）

はじめに「iPad で写真を撮る前に撮影のコツを学んでみよう」と説明し，Apple Education「Everyone Can Create : 写真」（Apple Books）を紹介します。同じものを撮影した写真でも，いろいろな方向から撮影したり，部分的に切り取ったりすることで，全く別のものに見えてくることに気づいてもらいます。また，光をうまく使ってみると，写真に様々な表情が生まれることも紹介していきます。さらにモノそのものを撮影するだけではなく，色，形，模様などの属性をテーマに撮ってみるのも面白いことを伝えてもいいでしょう。テーマをもとに写真として切り取ることで様々な表現が生まれてきます。

Apple Books を活用した写真の授業の様子

②やりとりをしながらイメージを広げる（Apple Books の活用）

　矢野充博「素敵な写真を撮ろう」（Apple Books）を活用し，構図やデザインなどについてやりとりの中でイメージを広げます。このブックは，１ページに２枚の写真が掲載されていて，「どちらの写真が好き？」と子どもたちに問いかけながら進めていきます。どちらかの写真が正解というわけではなく，「どうしてそう思ったの？」などと問いかけながら，子どもたちの感性を尊重して進めていくことができます。構図，デザイン，撮影のタイミングなどについて，自分なりの表現を工夫して撮影するためのイメージを広げられます。

矢野充博「素敵な写真を撮ろう」（Apple Books）

③撮影するテーマを決める（風景・人物・作品など）

　撮影するテーマは単元のねらいに合わせて設定しましょう。たとえば，身の回りのものから１つの属性をテーマに撮影する（「赤いものを撮ってみよう」「キラキラ光るものを撮ってみよう」等）というのも面白いですし，図工や美術で制作した作品を学校外に持って行って写真に撮ろうという展開も楽しいでしょう。撮影のアングルや構図，光などを子どもたちがいろいろと工夫して撮影をしてみると，素敵な写真が撮れることと思います。

④マークアップ機能を活用する

　マークアップ機能をうまく活用すると，写真にペンやマーカーなどで書いたり，吹き出しを付けたりといった作品づくりに展開することができます。「みんなの身の回りのものはどんなおしゃべりをしているかな？」「学校の中のモンスターを探そう」といったテーマを設定して撮影をしてみると，いろいろな発見が生まれてくると思います。

　身の回りのものを写真に撮り，「マークアップ」で目と口を描いてみる，どんなおしゃべりをしているか吹き出しを付けてみる，といった活動は，子どもたちのアイデアが広がり，身の回りのものをあらためて見つめ直す機会になります。学校の中でモンスターを探してみたら，思わぬ場所にユニークなモンスターが隠れているかもしれません。写真は１枚だけでなく，複数をつなげてお話に展開することもできます。「写真」アプリでアルバムを作成し，撮影した写真を追加すると，アルバムの中の写真はドラッグで順番を変更することができるので，お話づくりがしやすくなります。

　また，マークアップ機能を活用し，夏休みや冬休みなどに学校外で撮影した写真に吹き出しで説明を入れてみるのもいいでしょう。みんなに伝えたいことや注目してほしいことを写真の中に書き込んだり，説明を加えたりして，それぞれ発表をして共有するといった活動に展開させることもできます。このように，カメラ／写真の活用だけでも様々な作品づくりが可能です。

授業「自分の作品を写真に撮ろう」の様子

⑤撮影した写真をスライドショーで紹介する

　それぞれが撮影した写真を AirDrop で 1 台の iPad に集約し，「写真」ア
プリでアルバムを作成してみるのもいいでしょう。詳細ボタン（…）＞「ス
ライドショー」を選択すると，アルバムの中の写真を BGM 付きで再生する
ことができるので，授業の振り返りに活用しやすいです。「スライドショー」
のモードで「オプション」をタップすると，写真の切り替え方法や BGM，
スピードを変更することもできます。

ま と め	・写真の構図やデザインのイメージを広げて撮影する ・撮影した写真をマークアップで加工すると楽しい作品づくりができる

コマ撮りアニメーションをつくろう

用いるアプリ

KOMA KOMA for iPad（TriggerDevice Co.,Ltd）

◆ 概要

　映像メディアを活用した実践アイデアとして，コマ撮りアニメーション制作があります。メッセージ等を入れたアニメーション作品づくりに展開すると，生活単元学習などの授業で取り組んでいくこともできます。

「KOMA KOMA LAB」Web サイト

◆ 授業の流れ／留意点

①コマ撮りアニメーションについての説明

　まずコマ撮りアニメーションについて説明を行います。Web 上で公開されている映像などを参考作品として紹介すると，よりイメージが持ちやすいかもしれません。コマ撮りにしたことによる面白さ，コマ撮りならではのユニークな表現などが伝わる作品がいいでしょう。

②操作方法の説明

　KOMA KOMA の操作方法を説明します。Web サイト「KOMA KOMA LAB」にも解説動画が掲載されており，そのまま授業で活用することもできます。実際撮影する場合には，iPad を固定しておく必要があります。iPad 専用のスタンドがあると便利ですが，ない場合は譜面台などで代用してみましょう。

KOMA KOMA による撮影の様子

③撮影する作品を決める（ペーパードール・紙・粘土・人形など）

　コマ撮りアニメーションとして撮影する対象は様々な選択肢があります。授業や単元に合わせて工夫をすることが可能です。たとえば，上の写真ではペーパードールを用意しておいて，少しずつ動かしながら撮影をしています。これは，Web サイト「ピッケ®のおうち」の「ピッケのペパドル」から印刷し，割りピンで留めたものです（https://www.pekay.jp/house/top_tukutte.html）。腕や足を動かしながら撮影を進めていくと，コマ撮りの原理が理解しやすくなります。その後子どもたちがつくった造形作品などを動かして撮影すると，スムーズな作品づくりにつながります。粘土の造形作品をコマ撮りアニメーション制作に展開してもとても面白いです。作品自体を

自在に変形させることができるので，分解したり結合したり，別の形に変えたりといった表現が簡単にできます。はじめは尺取り虫の動きを再現してみる，といった練習をしてみてもいいでしょう。

　また自分たちが出演して制作する方法もあります。1コマ1コマジャンプをして撮影していくと空中移動に見えたり，突然画面から消えて他の場所から現れたりといった，コマ撮りならではの映像作品をつくることができます。

④撮影できる範囲を分かりやすくしておく

　活動に夢中になると，せっかく工夫して作品を動かしていても，画面には映っていないことがあります。あらかじめカメラに映る範囲を確認し，台紙や目印等で区切っておくと分かりやすくなります。

⑤1人ずつつくる／グループでつくる

　授業のねらいや単元に合わせて，1人ずつ作品をつくることもできますし，グループで協力しながら作品づくりをすることもできます。グループでの作品づくりでは，たとえば卒業生に向けてのメッセージを分担して書き，それを挿入してお祝いのメッセージビデオを制作するといった取り組みはいかがでしょう。1文字ずつメッセージが登場してきたり，文字が裏返しになっていくと別のメッセージが書いてあったり，といった表現はコマ撮りアニメーションになるととてもユニークに仕上がります。次頁の写真では，桜の花びらの形に切り抜いた紙を上からハラハラと散らしていく動きを撮影しました。こうした映像による発表活動などにKOMA KOMAを活用すると，生活単元学習の中で取り入れていくことも可能になります。

⑥作成したアニメーションを書き出す

　コマ撮りアニメーションが完成したら「カメラロールに保存」の操作を行い，「写真」アプリの中に保存します。「写真」に保存することで，トリミングなどの簡単な編集ができるようになります。

KOMA KOMA によるメッセージビデオの制作

⑦ナレーションや音楽を挿入する

　KOMA KOMA でつくったアニメーションは，AirDrop 等で集約し，iMovie でつなぎ合わせることができます。また音声や音楽も，iMovie に挿入することで追加ができます。音声は iMovie 上のタイムラインで必要な箇所に合わせ，マイクアイコンをタップし録音します。また「サウンドトラック」から音楽を追加すると，動画の長さに合わせて自動的に音楽を調整し終了してくれるので，まとまりのある作品に仕上げることが可能です。音楽もオリジナルにするには，単元のテーマや発表内容に合わせた音楽を GarageBand で別途録音し，それを動画に挿入するという方法がいいでしょう。作成した動画はぜひ発表や共有する場をつくってみてください。

まとめ
- コマ撮りアニメーションの表現方法を工夫してつくることができる
- グループで制作し，発表活動などに展開できる

レゴブロックと iPad で物語をつくろう

用いるアプリ

Keynote（Apple）／ GarageBand（Apple）／ iMovie（Apple）

◆ 概要

　　国語でレゴブロックを活用したオリジナルの物語づくりに取り組みました。対象は文字の読み書きや簡単な計算のできる特別支援学校中学部１年生の５名です。「誰が」「どこで」「何をしている」という３つの要素を考えながら，レゴブロックを組み立て，iPad で写真を撮って Keynote に挿入し文を入力しました。レゴブロックを動かしたり組み立てたりしながら，１つ１つの場面を撮影し，Keynote でスライドを作成して物語を展開させます。スライドはムービーに書き出し，GarageBand で制作した BGM を iMovie で組み合わせました。完成した物語は校内で発表を行いました。

◆ 授業の流れ／留意点

①物語づくりについての説明／レゴブロックによる制作

　　レゴブロックでオリジナルの物語をつくっていくことを説明します。簡単な見本動画を紹介するとイメージが広がります。ここでは，レゴエデュケーションのストーリースターターという教材を使用しましたが，現在は販売されていないので，レゴエデュケーションの「はじめてのお話作りセット」やレゴクラシックのブロックセットなどを使用してもいいかもしれません。レゴブロックを使用するメリットは，はじめからアイデアが思い浮かばなくても，手を動かして組み立てながらアイデアが思いついたり，発展させたりす

レゴブロックで物語づくり

　ることがしやすい点です。まず，「誰が」「どこで」「何をしている」という
３つの要素を考えながらつくっていくことを伝え，それぞれが各プレートに
主人公と背景をつくっていきます。テーマは特に設けず，自分のオリジナル
の物語を制作していくよう促してみましょう。制作の途中でうまく物語が展
開できない様子が見られたら，「どんなお話なのかな？」「この主人公は何を
しているところ？」「次にどんなことが起きる？」などの言葉かけやつくり
方の助言をしながら，なるべく自分で進められるようにサポートします。自
分のオリジナルの物語をレゴブロックとiPadでつくっていくという経験が
初めてだと戸惑いがあるかもしれませんが，レゴブロックを動かしていくう
ちに自分なりのこだわりやスタイルが生まれてくると思います。

②iPad での撮影

　プレート上に物語の始まりとなる場面をつくれたら，iPad で撮影をします。あらかじめ部屋の中に撮影するためのスペースを設置しておくとスムーズです。構図やズームなども効果的に工夫しながら撮影をします。

③撮影した写真を Keynote に挿入し，テキストを入力する

　Keynote のスライドを新規作成し，「写真」アイコン＞「写真またはビデオ」を選択し，撮影した写真を挿入します。写真のサイズを調整してから，「図形」アイコン＞「基本」を選択し，「テキスト」を挿入します。挿入した「テキスト」を選択した状態で「刷毛」アイコンをタップし，「テキスト」＞「サイズ」の「－」もしくは「＋」をタップして文字のサイズを調整することができます。あらかじめ「写真」と「テキスト」のサイズを決めたテンプレートをつくっておいてもいいでしょう。その場合は「イメージギャラリー」を活用します。「写真」アイコン＞「イメージギャラリー」を選択すると，スライドに写真を挿入する位置やサイズを設定しておくことができます。「＋」アイコン＞「写真を選択」＞撮影した写真を選択＞「追加」をタップすると，撮影した写真を決められた位置に挿入することができます。テンプレートを作成しておき，子どもたちの iPad に AirDrop で送信してから始めてもいいでしょう。写真を挿入したら，「テキスト」をダブルタップして文字を入力しましょう。制作したレゴブロックの写真にどんな文を付け加えるか考えながら入力します。文字の入力は「ローマ字入力」「かな入力」「フリック入力」「音声入力」と様々な方法が考えられます。それぞれの入力しやすい方法を試してみましょう。

④物語の続きを制作する

　Keynote でスライドを 1 枚作成する手順が分かったら，物語の続きを制作していきます。写真を撮影して Keynote に挿入してから，あらためて物語のあらすじを考えて文を入力するという流れでもよいと思います。

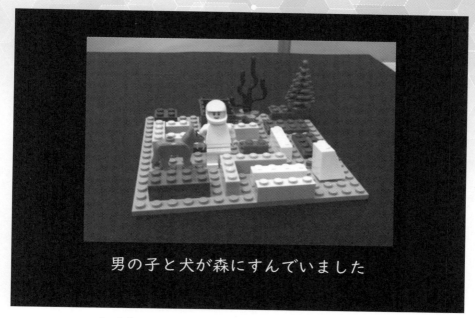

レゴブロックの写真を Keynote に挿入し，文を作成する

　Keynote のスライドを追加していくと，物語の流れが確認しやすくなります。もしスライドの順番を入れ替えたい場合は，画面左にスライドナビゲータを表示し，スライドをタッチして押したままにするとスライドが浮き上がるので，そのまま入れ替えたい場所にドラッグすると移動ができます。スライドの１枚目を物語のタイトルにしてもよいと思います。

⑤オーディオ録音を行う

　スライドごとに物語のナレーションを入れる方法もあります。「写真」アイコン＞「オーディオを録音」を選択すると，画面の中央下にマイクのアイコンが表示されます。タップすると録音がスタートし，もう一度タップすると停止します。画面右下の「編集」をタップすると，もう一度やり直したり，トリミングや削除をしたりすることができます。できあがったら画面右上の

「挿入」をタップすると，オーディオファイルのアイコンがスライドに表示されます。タップし再生すると音声が流れます。

⑥スライド間にトランジションを追加する

　あるスライドから次のスライドに移る時に視覚的効果を入れたい場合は，「トランジション」を活用します。画面左にスライドナビゲータを表示させ，トランジションを追加したいスライドをタップし，表示されるメニューから「トランジション」を選択します。画面の下に表示される「トランジションを追加」をタップし，効果的なトランジションを選択します。プレビューが表示されるので，決定する場合は「完了」をタップします。

⑦スライドをムービーに書き出す

　スライドが完成したら書き出しをします。画面左上のツールバーにある∨をタップし，「書き出し」＞「ムービー」＞「ビデオに保存」を選択します。するとビデオとして保存されます。

⑧GarageBand で BGM を制作する

　次に GarageBand で物語の BGM を制作してみましょう。ここでは「LIVE LOOPS」による曲づくりについてご紹介します。「＋」アイコン＞「LIVE LOOPS」を選択すると，様々なジャンルの音楽のテンプレートが表示されます。そのうち１つを選択して開いてみましょう。あらかじめ曲のフレーズやリズムなどが「セル」と呼ばれる四角形のアイコンの中にプリセットされており，それをタップすると演奏が開始できます。途中で別のセルをタップすると，リズムを自動的に調整して演奏を変えていくことができます。縦に並んだセルは画面下部にある「トリガー」アイコンをタップすると，同時に演奏をスタートできます。曲のテンポを変更したい場合は，画面右上の「設定」ボタン＞「テンポ」を選択し，数値を変化させてみましょう。

　「LIVE LOOPS」は「セル」をタップしながら録音をすることができます。

GarageBand の演奏を録音する

　どんな曲にするか少し練習をしてから，録音ボタンをタップし，録音をして
みましょう。カウントダウンの後に録音が始まります。少し長めに録音をし
ておき，停止ボタンを押して録音を終了します。画面左上のファイルアイコ
ンをタップして，録音した曲のファイルを長押しし，「名称変更」をタップ
して名前を付けておきましょう。

⑨録音した曲を送信し，iMovie に挿入する

　名前を付けたファイルをもう一度長押しして「共有」をタップします。「曲
を送信」の画面では「曲」を選択します。「オーディオの品質」は「低音質」
または「中音質」を選択し「送信」をタップします。次に表示される画面で
「次の方法で開く...」を選択すると，「曲を書き出し中...」と表示され，書き
出しの操作が行われます。書き出しが終わると次の画面が開くので，ここで

iMovie が表示されている場合はタップします。もし iMovie がない場合は，表示されているアプリを右にスワイプすると，一番右に「その他」が表示されるのでタップします。App の中から iMovie を選択します。

　iMovie が開いたら，「新規ムービーを作成」を選択しましょう。すると書き出した曲が自動的に挿入されます。

⑩iMovie にビデオを追加する

　Keynote から書き出したビデオを iMovie に追加しましょう。「メディア」＞「ビデオ」をタップし，書き出した物語のビデオを選択します。「＋」アイコンをタップすると，ビデオを追加することができます。

⑪iMovie で動画や曲の長さ，音量，フェードアウトの効果を追加する

　動画をタップして選択すると，選択した動画の周りが黄色くハイライトで表示されます。動画の開始位置や終了位置をドラッグして短くすることができます。曲も同じようにタップして黄色くハイライト表示されたら，ドラッグで長さを調整できます。オーディオ録音した声と曲との音量を調整したい場合は，動画や曲をタップで選択して黄色くハイライト表示させた状態で，画面下に表示される「音量」アイコンをタップします。音量のスライダを左または右にドラッグしてバランスを調整します。

　また，曲の最後をフェードアウトさせたい場合は，曲を選択した状態で「音量」アイコン＞「フェード」をタップします。すると曲の終了位置に黄色い三角形の「フェードハンドル」が表示されます。「フェードハンドル」を左にドラッグしていくと，フェードアウトの始まる位置が曲の中に影付きの領域で表示されるので，フェードアウトを調整することができます。

⑫iMovie で動画を再度書き出す

　動画と曲の編集が終了したら，画面左上の「完了」をタップします。「My Movie」と表示されているファイル名をタップし，ファイル名を変更してお

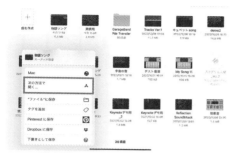

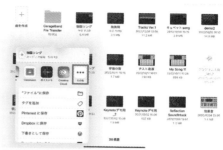

「曲を送信」＞「次の方法で開く...」を選択　　アプリの一覧に iMovie がない場合は「その他」を選択する

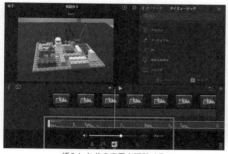

挿入した曲の音量を調整する　　　　　　「共有」アイコン＞「ビデオを保存」

GarageBand でつくった曲を iMovie で合成する

きましょう。画面下にある「共有」アイコンをタップし，「ビデオを保存」
を選択します。「このムービーはフォトライブラリに書き出されました。」と
表示されたら，「写真」にビデオとして保存することができています。

⑬完成した物語を発表する

最後に発表の時間を設けてみましょう。自分が工夫したところなどのコメ
ントを付けて発表を行います。教室内で練習してから，校内の友だちや先生
に発表する場を設定してみてもよいと思います。

まとめ	・手を動かしてレゴブロックを組み立てながら，アイデアを広げる
	・音楽も創作することでオリジナリティの高い作品をつくることができる

Keynote でシルエットポートレイトをつくろう

用いるアプリ

Keynote（Apple）

◆ 概要

　Keynote の描画機能で写真をトレースすると，ポートレイトの作成ができます。輪郭をスタイラスペンや指でなぞって一色に塗りつぶし，その中に自分のお気に入りの写真や図形を挿入して，自分のシルエットポートレイトをつくってみましょう。完成したらそれぞれ発表したり，ポスターにしたり，動画に挿入したりといった活動に展開することができます。

◆ 授業の流れ／留意点

①横顔の写真を撮る

　まず自分の横顔を撮影してもらいましょう。できれば無地の背景の前で撮影すると，描画の時にトレースがしやすくなります。撮影スポットを決めて順番に撮ったり，友だち同士で撮ったりしてみましょう。

②Keynote に写真を挿入する

　Keynote を開き，「写真」アイコン＞「写真またはビデオ」を選択し，撮影した写真を挿入します。必要に応じて写真の切り取り（マスク）を行います。切り取りをする場合は，挿入した写真をダブルタップし，写真の周囲に表示される青丸のハンドルをドラッグして，必要なサイズに変更します。操作を終えたら「終了」をタップすると写真を切り取ることができます。

シルエットポートレイトの作成

③Keynote で描画を行う

Keynote では，スライドに描画を追加することができます。Apple Pencil の場合はスライド上の好きな場所をタップすると，画面下部に描画ツールが表示されます。指で描く場合は，「写真」アイコン＞「描画」を選択すると，画面下部に描画ツールが表示されます。「ペン」「鉛筆」「クレヨン」のいずれかの描画ツールをタップし，写真の輪郭をなぞっていきます。線のサイズ（太さ）を変更する際は，ペン，鉛筆，クレヨンをもう一度タップし，線のサイズをタップすると変更ができます。描画ツールの色を変更する際は，プリセットの色を選択するか，虹色のカラーホイールをタップして色を選択します。線の太さと色が決まったら実際に描いてみましょう。

④写真の透明度を変更する

輪郭をなぞっていて描いた線が確認しにくい場合は，写真の不透明度を低くしてみましょう。写真をタップし，「刷毛」アイコン＞「スタイル」を選

択し，「不透明度」のスライダを左にドラッグします。不透明度が低くなると，描いた線が確認しやすくなります。

⑤塗りつぶしを行う

　輪郭を描く際に線で閉じた図形にすると，その中をタップで塗りつぶすことができます。首の下の部分も線でつなげてみてください。輪郭ができあがったら，描画ツールから「塗りつぶし」ツールを選択し，色を選択します。輪郭の中をタップすると，１回で同じ色に塗りつぶすことができます。

⑥お気に入りの写真や図形を追加する

　横顔のシルエットが完成したら，その上にお気に入りの写真や図形を追加していきましょう。「写真」アイコン＞「写真またはビデオ」を選択して写真を追加したり，「図形」アイコンから好きな図形を選択したりします。シルエットの中に収まるようにサイズを調整しましょう。

　追加した写真や図形の向きを変更したい場合は，図形をタップし，「刷毛」アイコン＞「配置」＞「回転」を選択します。「回転」の下にあるホイールをドラッグすると図形の角度を変えることができます。

⑦輪郭線がいくつかの図形に分かれてしまった場合

　描画の際に何度か描き直したことで，輪郭の線がいくつかの図形に分かれてしまった場合は，１つの図形に結合することができます。「写真」アイコン＞「描画」を選択し，画面下部に表示されるツールバーから「選択ツール」をタップします。その状態で，結合させたいすべての図形の周囲をなぞると点線が表示されます。メニューから「結合」を選択すると，点線内の図形が１つの図形に結合されます。

⑧背景の色を変更する

　スライドをタップし，「刷毛」アイコン＞「背景」を選択します。「プリセ

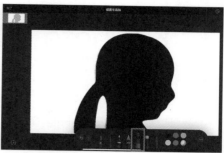

Keynote で描画を行う

横顔の輪郭を線でつないだら「塗りつぶし」を行う

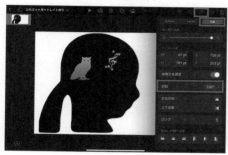

図形を回転させたい時

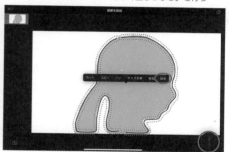

輪郭線を1つの図形に結合させたい時

シルエットポートレイトのつくり方

ット」「カラー」「グラデーション」などから色を選ぶことができます。

⑨書き出しを行う

　画面左上のツールバーにある∨をタップし，「書き出し」＞「イメージ」を選択すると，「写真」に保存されます。

ま と め	・写真を Keynote の描画でトレースすると描きやすい ・ポートレイトを作成し，様々な作品づくりに展開できる

9 国語／生活単元学習／職業・家庭

Keynote でお話をつくろう

用いるアプリ

Keynote（Apple）／ iMovie（Apple）

◆ 概要

　Keynote の図形，描画，アニメーション，トランジションを活用してお話づくりをしてみましょう。Keynote にプリセットされている図形を組み合わせたり，アニメーションで動かしたりすると，アイデアやイメージが広がっていきます。スライドが完成したらムービーに書き出し，iMovie に挿入して音楽を追加しましょう。オリジナルのお話づくりを通して Keynote の基本機能を習得することができます。

◆ 授業の流れ／留意点

①Keynote の新規プレゼンテーションを作成する

　「＋」アイコン（プレゼンテーションの新規作成）＞「テーマを選択」＞「ベーシックホワイト」（もしくは無地の背景のスライド）を選択します。表示されたスライドのテキストボックスをタップして削除し，空白のスライドにしましょう。

②Keynote に図形やテキストを挿入する

　「図形」アイコンを選択し，図形を挿入します。図形は「基本」「幾何学的」「物」「動物」「自然」「食べ物」など様々なカテゴリーがあるので，まずはいろいろな図形が入っていることを確認しながら，気に入った図形を選んでタ

Keynote の図形の組み合わせ

ップで挿入してみましょう。シンプルな図形をいくつか挿入して組み合わせるといった方法もあります。あらかじめ見本を用意して紹介すると，イメージが持ちやすくなるでしょう。

　図形の「基本」に入っている「吹き出し」の図形とテキストを組み合わせて，キャラクターが話している様子を表現することもできます。その場合は吹き出しの図形を挿入して，形や大きさを調整してから，吹き出しをダブルタップし，文字を入力してみましょう。

③図形の色を変更する

　挿入した図形をタップで選択＞「刷毛」アイコン＞「スタイル」＞「塗りつぶし」で図形の色を変更することができます。「プリセット」「カラー」「グラデーション」から選択して色を変えてみましょう。「グラデーション」は「開始カラー」「終了カラー」をそれぞれタップして色を選択すると，開始の色から終了の色までがグラデーションで表示されます。また「イメージ」＞「イ

メージを変更」＞「写真を選択」で，図形の形に合わせて選択した写真が挿入されます。模様の写真などを撮影しておくと，図形をその模様に変更することができます。

④スライドの背景の色を変更する

「刷毛」アイコン＞「背景」でスライドの色を変更できます。「グラデーション」などで工夫すると，お話づくりのイメージが広がるかもしれません。

⑤複数の図形をグループにする

図形を1つ選択し，表示されたメニューから「オブジェクトを選択...」をタップします。グループにしたい図形をすべてタップで選択＞「終了」＞「グループ」で複数の図形を1つのグループにすることができます。

⑥図形にアニメーションを追加する

図形を選択し，表示されたメニューから「アニメーション」を選択します。アニメーションは「ビルドインを追加」「アクションを追加」「ビルドアウトを追加」から選択することができます。図形が登場する動きを付けたい場合は「ビルドインを追加」，図形が画面から消えていく動きにしたい場合は「ビルドアウトを追加」を選択し，アニメーションを追加します。

⑦スライドを追加する

1枚のスライドが完成したら続きをつくってみましょう。画面左下の「＋」アイコン＞「空白」を選択し，次のスライドを追加します。

⑧トランジションを追加する

複数のスライド間の動きを追加してみましょう。スライドをタップ＞「トランジション」＞「トランジションを追加」で効果的な動きを表現します。

図形に吹き出しを入れたい時

図形の色をグラデーションにしたい時

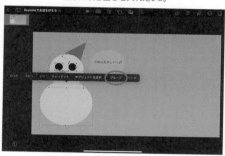
組み合わせた図形をグループにする時

図形にアニメーションを追加したい時

Keynote の操作方法

⑨書き出しを行う

お話が完成したら，画面左上のツールバーにある∨をタップし，「書き出し」＞「ムービー」にすると，「写真」に保存されます。

⑩iMovie で音楽を追加する

ビデオに書き出した作品を iMovie に挿入し，「オーディオ」＞「サウンドトラック」で音楽を選択し，再度書き出しを行うと完成です。

まとめ
- Keynote の図形をうまく活用するとイメージがしやすい
- お話づくりを通して Keynote の基本的な操作を習得することができる

Keynote で回転図形をつくろう

用いるアプリ

Keynote（Apple）

◆ 概要

　Keynote の図形とアニメーションを活用して回転する図形をつくってみましょう。図形をどう組み合わせるか，どんな色にするか，どんな回転の速度にするかによって，様々な表現が可能です。回転図形づくりを通して Keynote の図形の組み合わせ，アニメーションの基本操作の習得ができます。

◆ 授業の流れ／留意点

①Keynote の新規プレゼンテーションを作成する

　「＋」アイコン（プレゼンテーションの新規作成）＞「テーマを選択」＞「ベーシックホワイト」（もしくは無地の背景のスライド）を選択します。表示されたスライドのテキストボックスをタップして削除し，空白のスライドにしましょう。

②Keynote に図形を挿入する

　「図形」アイコンを選択し，図形を挿入します。まずは「基本」「幾何学的」のカテゴリーから１つ選択してみましょう。

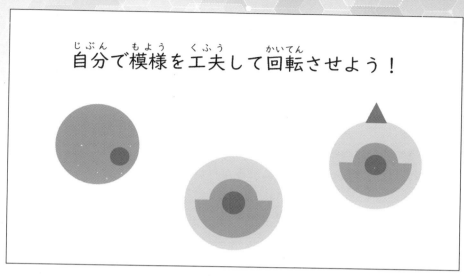

回転図形づくり

③図形にアニメーションを追加する

　挿入した図形をタップし，表示されたメニューから「アニメーション」を選択します。「アクションを追加」＞「回転」＞「×」アイコン＞「回転」をタップし，表示されたメニューの「回転」の回数を「＋」をタップして変更します。数値が大きいと回転する回数が増えます。同じメニューから「継続時間」をドラッグで変更して調整します。回転の回数と継続時間の組み合わせをいろいろと変化させてみると，図形の見え方が変わります。効果的な表現に仕上がったら，「完了」をタップします。

④複数の図形を組み合わせてグループにする

　図形を回転させるやり方が分かったら，図形を組み合わせて回転させてみましょう。「図形」アイコンを選択して図形を挿入し，さらにもう一度別の図形を挿入します。2つの図形の色や大きさを工夫して組み合わせてみましょう。完成したら，図形をタップし，表示されたメニューから「オブジェク

トを選択...」をタップします。グループにしたい図形をすべてタップで選択
>「終了」>「グループ」で複数の図形を1つのグループにします。

⑤グループにした図形にアニメーションを追加する

　グループにした図形をタップし，表示されたメニューから「アニメーショ
ン」を選択して，同じように「回転」のアニメーションを追加します。回転
数と継続時間の組み合わせをいろいろと変化させたり，回転の向きを「時計
回り」と「反時計回り」で変更してみたりしましょう。

⑥半円の図形のつくり方（図形を減算）

　「図形」アイコン>「基本」から円を選択して挿入します。さらに「図形」
アイコン>「基本」から四角形を選択して挿入します。「刷毛」アイコン>「ス
タイル」>「塗りつぶし」を選択して四角形の色を円と別の色にしておきま
しょう。円の上に四角形を重ね，半円になるように調整します。その状態で
もう一度四角形をタップし，表示されたメニューから「オブジェクトを選択
...」をタップし，円をタップします。2つの図形が選択されたら，「終了」
をタップし，「刷毛」アイコン>「配置」>「図形を結合」>「図形を減算」
をタップします。すると，円が切り取られて半円をつくることができます。

⑦複数の図形を同時に回転させる方法

　複数の図形に「回転」のアニメーションを追加すると，タップするごとに
1つ1つの図形が順番に回転する流れになりますが，1回のタップで同時に
回転をスタートさせることもできます。まず画面右上の「…」（詳細ボタン）
>「アニメーション」を選択します。画面右上の「ビルドの順番」のアイコ
ンをタップします。それぞれの図形に追加されたアニメーションが表示され，
画面下に「ビルドを開始」が表示されるので，1つめの図形をタップすると，
2つめ以降の図形が同時に動き出す設定に変更します。2つめの図形をタッ
プし，「ビルド1と同時」を選択します。2つめ以降の図形も同じように「ビ

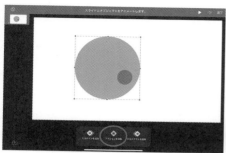

図形を回転させたい時

回転の「継続時間」や「回数」を変更する

半円の図形をつくりたい時

図形を同時に回転させたい時

回転図形づくり

ルド1と同時」に変更します。「完了」をタップし，スライドを再生しタップをしてみます。すると図形を同時に回転させることができます。

　完成したらムービーに書き出して共有するか，それぞれの iPad で再生できる状態にしておき，お互いの作品を見合ってみましょう。

- アニメーションの詳細設定の操作を習得することができる
- 回転させた時にどんな効果になるかを工夫して表現することができる

Pages でプロフィールページをつくろう

用いるアプリ

Pages（Apple）

◆ 概要

Pages で一人一人のプロフィールページをつくってみましょう。あらかじめプリセットされているテンプレートを活用して簡単に作成することができます。動画や音声などを入れてデジタルの特性を生かしたプロフィールづくりもできます。

◆ 授業の流れ／留意点

①Pages の新規書類を作成する

「＋」アイコンをタップすると，「テンプレートを選択」の画面が表示されます。「レポート」「ブック」「ちらしとポスター」「ニュースレター」など様々なテンプレートがあらかじめ用意されています。単元や学習のテーマに合わせて使いやすいテンプレートを選んでみましょう。ここでは「学校ニュースレター」を選択して，プロフィールページの作成を行います。

②タイトルを入力する

サンプルのテキストをダブルタップし，テーマに沿ったタイトルを入力しましょう。フォントを変更したい場合は，テキストをタップで選択＞「刷毛」アイコン＞「テキスト」＞「フォント」を選択し，変更します。

Pages のテンプレートを選択	「イメージギャラリー」の「＋」アイコン>「写真またはビデオを撮る」
写真の不透明度を下げたい時	写真をトレースして描画を行う時

プロフィールページづくりの手順

③タイトルの背景の色を変更する

　背景をタップで選択＞「刷毛」アイコン＞「スタイル」＞「塗りつぶし」を選択し，色を変更することができます。

④イメージギャラリーに写真を挿入する

　「学校ニュースレター」のテンプレートにはあらかじめ「イメージギャラリー」が挿入されています。1面の大きい「イメージギャラリー」の右下隅にある「＋」アイコンをタップすると，写真やビデオを挿入することができます。ここではプロフィールページの写真として，自分の顔を撮影してみましょう。「イメージギャラリー」の「＋」アイコン＞「写真またはビデオを撮る」を選択し，前面カメラを選択して顔写真を撮影します。あらかじめ写

真を撮影しておいて，その写真を選択して挿入することも可能です。次に写真をトレースして似顔絵を描く過程に進みます。

⑤写真の不透明度を下げる

　まずトレースがしやすいように，写真の不透明度を下げておきましょう。挿入した写真をタップで選択し，「刷毛」アイコン＞「スタイル」＞「不透明度」のレバーを左にドラッグします。写真をなぞって描いた線が確認できる濃度に調整しましょう。

⑥Apple Pencil や指で似顔絵を描く

　Apple Pencil の場合はそのまま画面をタッチすると描画を始めることができます。指で描く場合は，「写真」アイコン＞「描画」を選択します。「ペン」「鉛筆」「クレヨン」のいずれかの描画ツールをタップし，顔の輪郭や目，鼻，口をトレースしていきます。線のサイズ（太さ）を変更する際は，ペン，鉛筆，クレヨンをもう一度タップし，線のサイズをタップして変更します。描画ツールの色を変更する際は，プリセットの色を選択するか，虹色のカラーホイールをタップして色を選択します。写真の色を「スポイト」ツールで選択し，描画ツールの色に指定することもできます。その場合は，カラーホイールをタップし，表示された「カラー」の画面左上にある「スポイト」アイコンをタップします。画面に表示されたホイールを指定したい色の場所までドラッグし，指を離すと写真の色を選択することができます。

　デジタルのよさは，自分の描きやすい大きさに画面を調整したり，やり直しが簡単にできたりすることです。描画ツールの太さや色を工夫してオリジナルの似顔絵を完成させましょう。

⑦トレースした写真を削除し，似顔絵を確認する

　描画が終わったら，画面左上の「完了」をタップします。描いた似顔絵が画像として保存されます。次にトレースした写真を削除しましょう。写真を

プロフィールページづくり

タップし，表示されたメニューから「削除」を選択します。

⑧プロフィールページの背景の色を変更する

　「刷毛」アイコン＞「背景」を選択して，ページの背景の色を変更し，他にも写真を挿入したり文字を入力したりして完成させましょう。PDF に書き出すと印刷をすることも可能です。

まとめ
- Pages のテンプレートをうまく活用して作成する
- 描画，イメージギャラリー，テキストなどを工夫して完成させる

Pages で俳句をつくろう

用いるアプリ

Pages（Apple）

◆ 概要

　Pages の縦書きテキストで俳句づくりをしてみましょう。NHK for School などで俳句について理解を深めてから取り組んでみましょう。「春」や「冬」などのイメージが広がる画像をあらかじめ準備しておき，その中から１つ選んで俳句をつくる，という流れだと取り組みやすいです。フォントや画像のスタイルを自分で選んで作品を仕上げましょう。

◆ 授業の流れ／留意点

①俳句について学習する

　NHK for School「おはなしのくにクラシック」「お伝と伝じろう」などから俳句をテーマにした回を視聴し，俳句について理解を深めましょう。五七五の17文字で表現することを理解したら，参考作品なども例示すると分かりやすいと思います。いくつか試しにアイデアを出してつくってみてもいいでしょう。

②テーマとなる画像を選ぶ

　あらかじめテーマをイメージしやすい画像を準備しておきましょう。たとえば季節をテーマにした俳句をつくるとしたら，「春」などのイメージのフリー素材などの画像を複数枚提示し，その中から１つを選ぶようにします。

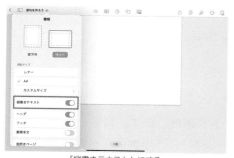
「縦書きテキスト」にする

「ページレイアウト」に変換する

テキストの編集

「書き出し」を行う時

Pages で俳句をつくる手順

風景，花，人物，モノなど様々な種類の画像があると，俳句へのイメージが広がりやすいです。教師用端末で提示し，それぞれの子どもに AirDrop するか，あるいは児童生徒用端末にあらかじめ入れておいて 1 枚を選ぶか，どちらでもよいと思います。

③画像から連想されるキーワードを五七五にまとめる

そのまま Pages で作成し始めてもいいですが，いくつか作成する俳句の候補を考えて 1 つに絞って始める方法もあります。俳句がうまく浮かんでこない場合は，選んだ画像から連想されるキーワードを教師が聞き取りながら，ホワイトボードに書き出していき，それを五七五にどうまとめていくかを一緒に考えていくプロセスに取り組み，それをまず全員で共有するのもよいと

思います。キーワードの組み合わせを変えて候補をつくってみてから，その
うちの１つに絞り，清書のような形で Pages での作成に取りかかりましょ
う。

④Pages を「縦書きテキスト」にして，ページレイアウトに変換する

　「＋」アイコン＞「空白」のテンプレートを選択します。書類の名前（空白）
＞「書類オプション」＞「書類設定」を選択し，「縦書きテキスト」をオン
にします。またここで「書類本文」をオフにすると，「ページレイアウトに
変換しますか？」という画面が表示されるので，「変換」を選択します。す
ると，テキストも新たに挿入する形式になり，レイアウトが自由にできるよ
うになります。

⑤画像を挿入する

　まず選択した画像を挿入しましょう。「写真」アイコン＞「写真またはビ
デオ」を選択し，画像を挿入してサイズを調整します。

⑥テキストを挿入する

　次に「図形」アイコン＞「基本」＞「テキスト」を選択し，テキストを挿
入します。ダブルタップして作成した俳句を入力しましょう。「五」「七」「五」
のリズムに合わせて，間にスペースを入れると読みやすくなります。

⑦テキストのサイズやフォントを調整する

　入力したテキストを選択した状態で，「刷毛」アイコン＞「テキスト」を
選択し，「サイズ」を調整します。また「フォント」でイメージに合うフォ
ントに変えてみたり，「テキストのカラー」を変えてみたりしてもいいでし
ょう。最後にテキストと画像の位置を調整して完成させましょう。

さくらもち　つぶあんあんこ　おいしいな

夕陽には桜貝ん中き

俳句づくりの様子

⑧書き出しを行う

　PDF に書き出しをして印刷を行うことができます。また，Pages ではこの俳句を新たにテンプレートとして保存しておくこともできます。まずテンプレートにする書類の名前を入力しておきましょう。次に，書類の名前＞「書き出し」＞「Pages テンプレート」＞「テンプレートセレクタに追加」を選択します。するとテンプレートとして活用することができるようになります。

> まとめ
> ・画像をうまく活用し，俳句のアイデアやイメージを広げる
> ・フォントやレイアウトを調整して作品を仕上げる

13

Clips で思い出を発表しよう

用いるアプリ
Clips（Apple）

◆ 概要

　Clips で写真や動画にテキストラベルやステッカーを入れたり，ポスターを挿入したりして動画を作成してみましょう。夏休みに写真や動画を家庭で撮影しておいてもらい，それを素材に作成をしてもいいですし，宿泊行事や学習発表会などで自分が頑張ったことや印象に残ったことを動画にまとめる活用の仕方もあります。最後に音楽を追加して完成させましょう。

◆ 授業の流れ／留意点

①写真や動画を準備しておく

　あらかじめ素材となる写真や動画をそれぞれの iPad 内に準備しておきましょう。「写真」アプリの中に「アルバム」を作成し，「思い出」等のアルバム名を付けて，使用したい素材を集めておくと活用がしやすいです。

②Clips を立ち上げ，写真や動画を挿入する

　画面右下にある「写真」アイコンをタップし，「写真」を選択します。アルバムの作成ができていたら，「マイアルバム」の中から，「思い出」のアルバムを開いてみましょう。挿入したい写真や動画を選択し，画面右上の「追加」をタップします。

「写真」を挿入する

「プロジェクトに追加」または「プレビューと録画」を選択する

「テキストラベル」や「ステッカー」を挿入する時

「ステッカー」の挿入

Clips の操作手順①

③「プロジェクトに追加」「プレビューと録画」のどちらかを選択する

「追加」をタップすると，「プロジェクトに追加」「プレビューと録画…」の２つが画面に表示されます。「プロジェクトに追加」を選択すると，写真や動画がそのまま Clips の編集画面に追加されます。「プレビューと録画…」を選択すると，Clips で表示したい時間だけ再度画面を録画して追加する形になります。画面に赤い録画ボタンが表示されるので，ボタンをタッチして押さえたままにし，写真や動画を表示したい時間だけ録画しましょう。

④録画した動画の音を消す

録画をするとマイクから音が一緒に録音されるので，必要ない場合は「消音」ボタンをタップし，音を消しておきましょう。

⑤写真や動画に「テキストラベル」を追加する

　挿入した写真や動画をタップで選択し，表示される虹色の星のアイコンをタップします。「Aa」と表示されるアイコンを選択すると「テキストラベル」が表示されるので，１つを選択して画面に追加します。テキスト部分をタップして文字の変更ができます。写真や動画の簡単な紹介やコメントを入れてみましょう。「テキストラベル」は指で位置を変えたりサイズを変えたりすることができます。編集が終わったら「×」アイコンをタップします。再生ボタンで再生をしてみると，「テキストラベル」がアニメーション付きで表示されます。もし追加した「テキストラベル」を削除したい場合はタップすると「編集」「削除」の２つが表示されるので，「削除」を選択します。

⑥写真や動画に「ステッカー」を追加する

　「テキストラベル」の追加と同じように，虹色の星のアイコンをタップし，「Aa」の隣の赤いステッカーアイコンを選択すると，様々な「ステッカー」が表示されます。１つを選択し画面に追加されたら，位置を変えたりサイズを変えたりしてみましょう。編集が終わったら「×」アイコンをタップします。「テキストラベル」と同じように再生して表示させてみましょう。

⑦「ポスター」を追加する

　タイトルを「ポスター」で作成してみましょう。まず画面に表示されている「完了」をタップすると，「Clips」がはじめの作成時の画面に戻ります。「写真」アイコンをタップし，「ポスター」を選択し，１つを選択してみましょう。長押しをするとプレビューで再生時の確認ができます。

　選択をしたらテキストをタップし，文字を入力してみましょう。「ポスター」を追加するには，画面を録画します。赤い録画ボタンをタッチして押さえたままにし，「ポスター」を表示したい時間だけ録画をしましょう。録音された周囲の音を消したい場合は「消音」ボタンをタップしましょう。

「ポスター」を挿入する

「ポスター」を録画する

「サウンドトラック」を挿入する

ビデオを保存する時

Clips の操作手順②

⑧サウンドトラックを追加する

　画面右上の♪をタップし、「サウンドトラック」をタップします。曲を選択し「＜」＞「完了」をタップすると動画に音楽が追加されます。

⑨書き出しを行う

　画面右下の共有アイコン＞「ビデオを保存」を選択すると、「写真」アプリにビデオとして保存することができます。

> まとめ
> ・Clips のテキストラベルやステッカーを効果的に活用する
> ・ポスターでタイトルや伝えたいことを追加すると分かりやすい

Viscuit でプログラミングを体験しよう

用いるアプリ

Viscuit　Web ブラウザ版（合同会社デジタルポケット）

◆ 概要

　Viscuit を活用すると，楽しみながらプログラミングの基礎を学ぶことができます。指で描いた絵をプログラムに沿って動かすことができ，絵の動かし方をいろいろと工夫できるのも魅力の1つです。「ビスケットのきほん」のステップに沿って操作方法を理解してから，自由につくってみましょう。

「Viscuit」
Web サイト

◆ 授業の流れ／留意点

①「ビスケットのきほん」を開く

　Viscuit のサイトを開き，「がっこうでつかう」＞「がっこうでつかういりぐち」＞「やってみる」＞「ビスケットのきほん」を開きます。

②お弁当づくり

　Viscuit では，手順のはじめに「画面右に表示された絵を画面左のステージに移動させる」という操作が必要になります。まずその操作を習得するために，お弁当の具材を選んでステージ上にある空のお弁当箱に重ねていく，というプログラムに取り組みます。お弁当箱におかずやごはんを詰める，という活動はとても魅力的で，操作もシンプルなので取り組みやすいプログラムです。

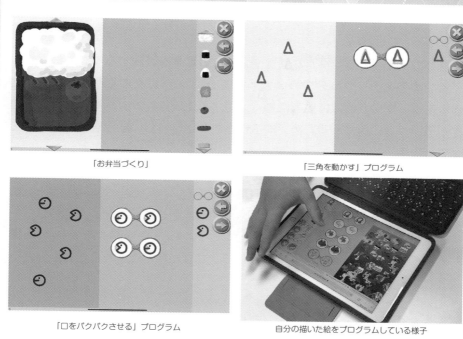

「お弁当づくり」

「三角を動かす」プログラム

「口をパクパクさせる」プログラム

自分の描いた絵をプログラムしている様子

「ビスケットのきほん」の内容例

③「メガネ」に絵を入れて絵を動かす

　Viscuit の基本的な操作は，「メガネ」の左に絵を入れ，右に同じ絵を少しずらして入れると，その差分で絵が動くというものです。2つめのステップは，「三角」をメガネに入れて動かす活動が用意されています。同じ三角を左と右のメガネに入れます。右に入れた三角の位置をずらしてみて，ステージ上の三角の動きを確認してみましょう。たとえば，右に入れた三角の位置を上にずらすと三角が上に動き，下にずらすと三角は下に動き出します。

④絵を進む方向に動かす

　3つめのステップでは4種類の海の生き物の絵が用意されています。魚やカニ，イカの向きを意識して動かすためには，メガネにどのように絵を入れ

ればいいかを考えながら取り組むようにします。

⑤２つのメガネでランダムな動きや２コマの動きを表現する

　４つめのステップは２つのメガネを使い，「おばけをゆらゆら動かす」動きを表現します。おばけが下に動くメガネと上に動くメガネをつくると，動きがランダムに選ばれるため，ゆらゆらとおばけらしい動きを表現することができます。

⑥２つのメガネで２コマの動きを表現する

　５つめのステップでは２つのメガネで，口を閉じた絵と開いた絵の２つを使い，「口をパクパクさせる」動きをつくります。「口を開く命令」「口を閉じる命令」の２つのメガネを使うことで，動きが繰り返されることが分かるようになります。

⑦自分の描いた絵を動かす

　最後のステップでは自分で描いた絵を動かせるようになっています。画面右上に表示される「えんぴつボタン」をタップすると，絵を描く画面が表示されます。カラーパレットで色を変えたり，線の太さや透明度を変更したりすることができます。Viscuit でどんな絵を動かしたり変化させたりしたいか，イメージを広げて描いてみましょう。絵が完成したら「○」をタップします。

　描いた絵が画面右に表示されるので，画面左のステージに移動させます。メガネに絵を入れて，動かし方を工夫してみます。２つのメガネを使って絵を変化させたり，繰り返しの動きを入れたりしても面白いです。

　完成したら，「えんぴつボタン」を再度タップし，別の絵を描いて動かしてみましょう。

ビスケットランドの様子

⑧ビスケットランドを表示する

　「きょうしつでビスケット」を利用している場合は，「点々ボタン」を押してグループビュー画面を開き，「ランドボタン」を押すと，グループ全員の絵を共有することができます。教師用端末でランド画面を表示し，モニターやプロジェクターに接続しておくと，送信された絵が次々に追加されていき，全員で１つの画面を共有して鑑賞することができます。プロジェクターを縦に設置して天井に投影してみると，画面がとても大きく表示され，幻想的な空間が広がります。

> ま と め
> ・「ビスケットのきほん」でステップを踏んで操作手順が理解できる
> ・絵を工夫したり動きを工夫したりしてプログラムができ，「ビスケットランド」で全員のプログラムを共有することができる

Viscuit で模様づくりをしよう

用いるアプリ

Viscuit　Web ブラウザ版（合同会社デジタルポケット）

◆ 概要

　Viscuit で回転と繰り返しの命令を活用し，模様づくりに取り組んでみましょう。手順に沿って取り組みながら，模様がだんだんと複雑になっていくことを体験します。完成したら，それぞれできあがった模様を見せ合ってみましょう。色や回転する角度の工夫で様々な模様がつくれることを共有することができます。

◆ 授業の流れ／留意点

①Viscuit のサイトでコードを入力する

　Viscuit のサイトを開き，「がっこうでつかう」＞「がっこうでつかういりぐち」＞「やってみる」を開きます。「ビスケットのきほん」の横に表示されている自由制作の画面をタップします。

②「設定ボタン」をタップし，ステージの画面を黒くする

　画面の右側にある「設定ボタン」をタップすると，ステージの背景色や速度の設定などができる画面が開きます。背景色パレットのバーを移動させて，ステージの画面を黒くしてみましょう。

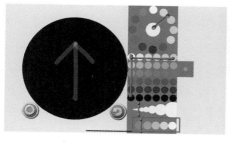
矢印を描いて透明度を上げる

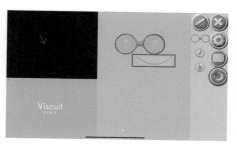
メガネに矢印を入れて回転させる

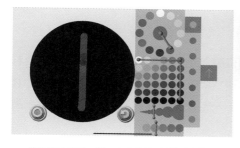
縦線の上にカラーパレットを動かしながら点を描く

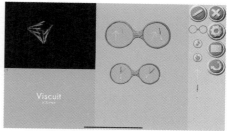
メガネの右側に縦線を入れ，もう1つメガネを出して縦線も回転させる

模様づくりの操作手順

③矢印を描く

　「えんぴつボタン」をタップして，矢印を描きます。矢印は回転をさせる際の目印として使用するので，画面上であまり目立たないように色を灰色にし，透明度を上げておきます。完成したら「○」ボタンをタップします。

④矢印を回転させる

　矢印をステージに移動させます。メガネを画面に移動させ，矢印をメガネの左側に入れます。矢印をメガネの右側にも入れ，左側に入れたメガネとぴったり重ねて配置します。画面右側に表示された「回転ボタン」をタップすると，メガネの右側に入れた矢印を回転させる点線が表示されます。点線上で指を動かして矢印の向きを変えてみると回転させることができます。

⑤色の模様を描く

　矢印を回転させることができたら，もう一度「えんぴつボタン」をタップし，縦に一本の線を描きます。色を灰色にし，透明度を上げておきます。

　その上にカラーパレットを動かしながら，カラフルな点を重ねていきます。透明度を少し上げておくと，回転させた時に模様がきれいに重なっていくかもしれません。色の濃さをいろいろと工夫してみましょう。色をグラデーションのようにしてみても面白い模様ができるかもしれません。縦線ができあがったら「○」ボタンをタップします。

⑥縦線をメガネの右側に入れる

　矢印を回転させているメガネの右側に縦線を入れます。矢印から少し離れた場所に入れてみましょう。矢印から遠ざけるように縦線を動かすと，それにつれてメガネも大きくなります。ステージの模様を確認しながら位置を調整してみましょう。

⑦メガネをもう１つつくり，縦線を回転させる

　縦線自体も回転させるとより複雑な模様がつくれます。メガネをもう１つ画面上に配置し，左側に縦線を入れて，右側にも縦線を入れましょう。「回転ボタン」をタップし，右側のメガネの下に表示される点線を指でなぞって，縦線の回転する角度を調整してみましょう。回転する模様が複雑に変化するようになります。ステージ上の模様を確認しながら，回転の角度を変えてみて，きれいな模様ができるように工夫してみましょう。

⑧できあがった模様を共有する

　模様が完成したら，お互いの作品を鑑賞してみましょう。「全画面ボタン」をタップして紹介をしてもいいですし，メガネでどんなプログラムをしたかを表示させておいてもいいと思います。色や回転する角度を工夫すると様々な模様がつくれることを共有しましょう。

完成した模様の様子

⑨コンピュータの仕組みについて説明する

　Viscuit を体験した後で，コンピュータの仕組みや特徴について説明をしましょう。模様づくりを通して分かることは，「コンピュータは正確に繰り返すことが得意」「模様がきれいかどうかはコンピュータには分からない。きれいな模様を工夫するのは人間が得意」という点です。Viscuit のサイトにも解説資料があるので，参考にしてください。

https://www.viscuit.com/wp-content/uploads/2019/12/Slide_4moyou_191216.pdf

まとめ
- 繰り返しと回転のプログラムで工夫した模様をつくることができる
- コンピュータの仕組みや特徴について体験を通して学べる

算数・数学／図工・美術／生活単元学習

AR を体験してみよう

用いるアプリ

計測（Apple）／ AR Makr（Line Break,LLC）

◆ 概要

　iPad に標準搭載されている「計測」アプリで身の回りのものの長さを測ってみましょう。現実世界に視覚情報を重ね合わせる AR（拡張現実）を簡単に体験することができます。AR について学んだ後は，AR Makr を活用して自分が描いた絵を現実世界に投影してみましょう。

◆ 授業の流れ／留意点

①長さや面積の単位について説明する

　身の回りにある長さや面積の単位について説明し，例示を交えて計測の操作方法を紹介します。

②計測で身の回りのものの長さを測る

　計測を立ち上げ，教室の様々なものを画面上で測定してみます。計測したいものにカメラを向け，画面中央に表示される円の中に丸印が表示されるまで iPad を動かします。

　丸印が表示されたら，計測を開始する位置に丸印を合わせ，「＋」（追加ボタン）をタップします。iPad をゆっくりと動かし，計測を終了する位置に丸印を合わせて，もう一度「＋」（追加ボタン）をタップします。

　計測した後に開始位置や終了位置をもう一度変更したい場合は，点を長押

身の回りのものを計測する

しして調整したい位置までドラッグをすると変更することができます。

　計測したいものが正方形など四角形の場合は，そのものの周りに「計測ボックス」が表示され，「＋」（追加ボタン）をタップすると幅と長さ，iPadをそのまま少し動かすと面積を表示することもできます。

③計測したものの写真を撮って共有する

　計測した値が表示されている時にシャッターボタンをタップすると，画面の左下に撮影した写真が表示されます。写真をタップすると「マークアップ」で編集をすることもできます。左にスワイプすると，写真を保存することができます。AirDrop で教師用端末に集約し，それぞれが測定したものを紹介してみてもいいでしょう。

④AR Makr を体験する

　計測の操作体験を行った後に AR Makr の活用に展開させることもできます。AR Makr には様々なテンプレートが用意されているので，そのまま現実の空間に配置することができます。また，自分で描いた絵を配置することも可能です。アプリをダウンロードし開いてみましょう。

⑤テンプレートを選択する

　AR Makr のボタンは英語表記ですが，操作はシンプルです。まず「Start」をタップして「Starter templates」を開きましょう。すると，「Mythical Creatures（伝説や神話上の怪獣や妖精などのイラスト）」「Space Mission（宇宙に関連したイラスト）」「Ocean Adventure（海に関連したイラスト）」などのテンプレートが表示されます。そのうち1つを選択し「Start」をタップしましょう。

⑥イラストを空間に配置する

　まず iPad を動かしてイラストを配置するための空間を認識させます。次にイラストを配置したい場所を決めて画面をタップします。画面左に表示されるイラストから好きなものを選択すると，空間上に表示されます。イラストは指で大きさを変えることができます。大きさが決まったら，画面右の「PLACE」ボタンをタップすると空間上に配置されます。iPad を動かして，現実の空間に配置されたイラストをいろいろな角度から見てみましょう。配置したイラストを消したい場合は，「やり直し」ボタンをタップします。

⑦絵を描く

　画面左の「NEW」をタップすると，描画の画面が開きます。「筆」アイコンをタップし，指で描いていきます。画面下に表示される円柱や四角形をタップすると，絵を立体の図形にすることもできます。完成したら「✓」ボタン>「ＯＫ」をタップします。

iPad を動かして空間を認識させる

イラストを空間に配置する

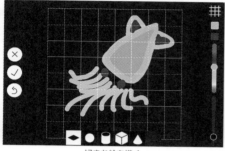

好きな絵を描く

描いた絵を空間に配置する

AR Makr の活用画面

⑧描いた絵を配置する

画面右のイラストを下にスワイプしていくと，描いた絵が表示されます。選択して空間上に表示されたら，大きさを調整して「PLACE」をタップしましょう。描いた絵が空間上に配置されます。

⑨作品を保存し終了する

画面右上の「メニュー」アイコン＞「SAVE」＞「Enter a title（タイトルを付ける）」＞「Done」で保存します。「QUIT」＞「Confirm」で画面を終了します。

まとめ
- 簡単な操作でAR を体験することができる
- 現実の空間に自分の描いた作品を配置することができる

オンラインミーティングを活用した単元学習① 韓国との交流

用いるアプリ

Keynote（Apple）／ Pages（Apple）／ nemo 韓国語（Nemo Apps LLC）／
オンラインミーティングツール

◆ 概要

　オンラインミーティングが身近になり，以前なら難しかった交流や共同学習への選択肢が広がってきています。ここでは「世界の学習」を単元にした授業の中で韓国の学校とオンラインで交流した実践をご紹介します。

◆ 授業の流れ／留意点

①図書や Web サイトを活用しながら，アジアの国々について学習する

　NHK for School「世界を応援しよう！」からアジアの国の応援動画を視聴してみてもいいかもしれません。「国旗について」「首都について」「料理について」「言語について」などのテーマごとに紹介をしたり，図書や Web サイトで調べ学習をしたりしてみましょう。

②Keynote のワークシートにまとめる

　あらかじめ Keynote や Pages でワークシートを作成しておき，分かったことや気づいたことを写真に撮ってシートに挿入したり，テキストを入力したりすることもできます。ワークシートは，「イメージギャラリー」と「テキスト」で作成し，AirDrop で各自の iPad に送っておきましょう。

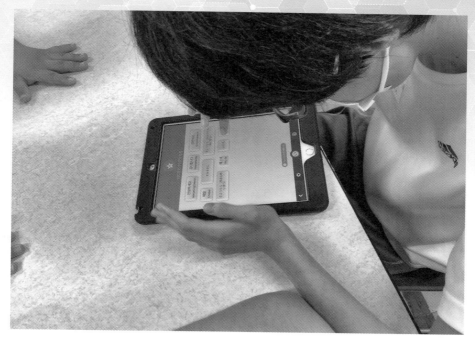

nemo 韓国語で学習している様子

③韓国でのオンラインでのやりとり

　筆者は公益財団法人ユネスコ・アジア文化センターの教職員韓国派遣プログラムに参加し，実際に韓国の学校を訪問しました。その際に，勤務していた特別支援学校で担任していた中学部の生徒たちとオンラインで接続し，韓国の学校の様子をリアルタイムで紹介することのできる機会がありました。この時は授業の中で子どもたち同士が交流を行うことはできなかったのですが，身近な教員が韓国に行った機会にオンラインでやりとりをする，という体験を通して，子どもたちの世界への視野が少し広がったように感じました。

　この時につながった韓国の小学校と，帰国後にオンラインで子どもたち同士の交流ができないかを相談し，日程を合わせて実現できるかを検討しました。

④韓国についての学習

　韓国の料理や衣装，言語についての学習に取り組みました。Web サイトでの検索だと情報が多すぎる場合は，学校にある図書などをグループで活用してもいいと思います。気に入った写真があったらそれを iPad で撮影し，Keynote や Pages のワークシートに挿入します。気づいたことなどをテキストで入力し，ワークシートを完成させます。まとめの時間に発表を行ってもいいでしょう。

⑤nemo 韓国語で挨拶を学習する

　nemo 韓国語は挨拶を学習するのに活用しやすいアプリです。アプリを開いて「発見」を選択すると，「こんにちは」「ありがとう」など10項目の挨拶をタップして，該当する韓国語を音声で聴くことができます。

　画面右下の「設定」ボタンをタップすると，音声のスピードを調整することができます。それぞれの iPad で個別に練習をしてから，全員で一緒に練習をしてみてもいいでしょう。

⑥日本の歌を紹介する

　音楽の授業などで取り組んでいる歌を練習し，交流時に発表ができるようにしておきます。

⑦iPad で作成したアウトプット等を準備しておく

　子どもたちが作成した写真や動画なども紹介ができるといいでしょう。実際の交流では，宿泊行事の様子を動画で紹介しました。

⑧オンラインでの交流

　韓国は日本と時差がないため，交流がしやすかった利点がありました。ソウルの小学校とオンラインミーティングツールで接続し，総合的な学習の時間に交流を行いました。

韓国の学校との交流の様子

⑨交流時の様子

　事前に韓国について学習を進めてから交流を行ったこともあり，料理について，街の様子について，授業についてなど様々な質問が子どもたちから飛び出しました。お互いに歌や動画を紹介し合い，最後に覚えた韓国語で「カムサハムニダ！」とお礼を言ってみると，韓国から「ありがとう！」と返事が返ってきて，子どもたちは伝わった！という実感を持つことができました。

まとめ
- 身近な教師の海外訪問から他国への興味関心を広げた
- オンラインでの交流を通して，学んだ外国語が伝わったという実感が持てた

オンラインミーティングを活用した単元学習② 育休の教員との交流

用いるアプリ

オンラインミーティングツール／Keynote（Apple）

◆ 概要

オンラインミーティングを活用し，育休中の教員とやりとりをした実践をご紹介します。中学部の卒業前の時期に身近な教員の赤ちゃんをオンラインで見せてもらったことで，自分たちが生まれた時のことを振り返り，自分の名前に込められた思いを知ったり，卒業に向けて育休中の教員からメッセージをもらったりする学習に展開させることができました。

◆ 授業の流れ／留意点

①卒業に向けての学習への展開

同じ学年の担任が産休に入ることは子どもたちにとってとても身近な体験です。以前だと，卒業する学年の担任が産休・育休に入ると，その後やりとりをする機会がないまま卒業を迎えるというのが一般的でした。ちょうどその年は2名の教員が続けて産休に入ることになったので，オンラインミーティングを活用し，子どもたちにとっても視覚的に分かりやすい形でやりとりができないかと考えました。産まれたばかりの赤ちゃんをオンラインで見せてもらえたら，貴重な体験になります。自分たちの成長も振り返る機会にでき，それを卒業に向けての取り組みにつなげられないかと考えました。

授業で活用したスライド例

②NHK for School の視聴

　NHK for School「ふしぎがいっぱい　5年生」から「人のたんじょう」を視聴しました。赤ちゃんが誕生する時の様子を視聴し，産休に入った教員にもこれから赤ちゃんが産まれること，自分たちも赤ちゃんとして誕生し，周囲の人たちに育てられてきたことを学びました。

③オンラインでのやりとり

　育休中の教員とオンラインミーティングで接続し，産まれたばかりの赤ちゃんを見せてもらいました。再会できたことも子どもたちにとってとても嬉しい出来事でしたが，赤ちゃんが画面に登場すると「かわいいー！」と歓声が上がりました。名前を紙に書いてもらい，紹介してもらいました。

④自分の名前の由来について知る

　赤ちゃんの名前と名前に込められた思いを教えてもらったところで，「自分たちの名前はどんな風に付けられたんだろう？」という問いを立てました。保護者に協力してもらい，それぞれ自分の名前の由来について聞いてくることにしました。

⑤名前の由来についての発表

　名前の由来とそれに込められた思いについて，保護者の方に記入していただいたシートをもとに，オンラインミーティングを活用して各教室を接続し一人一人発表を行いました。名前の由来と込められた思いをKeynoteのスライドにまとめ，画面共有をしながら発表しました。一人一人の成長への願いに込められた思いはとても温かく，生徒と教員全員で思いを共有することができました。

⑥自分の成長についての振り返り

　中学部での学校生活について，主な行事や授業の様子を写真で振り返りました。どんなことが楽しかったか，どんなことを頑張ったかなど，学級ごとに振り返りをしながら，「卒業までにどんなことを頑張りたいか」を考え，一人一人まとめました。

⑦卒業に向けて頑張りたいことを発表

　オンラインミーティングで各学級を接続し，卒業に向けて頑張りたいことを発表しました。

⑧卒業式前にオンラインミーティングで育休中の教員にメッセージをもらう

　卒業式の前に今度は2名の教員を同時にオンラインミーティングで接続し，再び赤ちゃんを見せてもらいながら，一人一人に卒業に向けてのメッセージをもらいました。

オンラインミーティングの様子

⑨オンラインミーティングの活用について

　単元のテーマにうまく組み合わせながら，事前の授業でイメージを高めたり，理解を深めたりしておくと，オンラインでのやりとりをとても効果的に生かすことができます。実際に現地に出向く学習や出前授業など対面の取り組みももちろん大切ですが，オンラインを併用することで，従来は取り上げることが難しかった内容やなかなか出会う機会のない人とのやりとりができる可能性も広がり，授業を広がりのあるものにしていくことが可能です。

まとめ
・身近な教師の産休から，人の誕生への興味関心を広げた
・オンラインでのやりとりで赤ちゃんを見せてもらったことから，自分たちの成長について振り返り，卒業への取り組みにつなげた

プロジェクト型学習①
学校紹介の映像づくり

用いるアプリ

Clips（Apple）／iMovie（Apple）／TELLO（Shenzhen RYZE Tech Co.Ltd）／
Keynote（Apple）／GarageBand（Apple）

◆ 概要

　簡単な文章や計算の理解が可能な中学部の生徒5名を対象に，iPadでアイデアや表現をアウトプットする学習を積み重ねた後に，中学部1年時後半から学校紹介の映像を制作するプロジェクト型学習に取り組みました。チームでアイデアを出し合いながら取り組み，毎回の振り返りでブラッシュアップをしながら映像を完成させることができました。

◆ 授業の流れ／留意点

①プロジェクト型学習への展開

　プロジェクト型学習とは，「一定期間内に一定の目標を実現するために，自律的・主体的に学生が自ら発見した課題に取り組み，それを解決しようとチームで協働して取り組んでいく，創造的・社会的な学び」であるとされています（同志社大学PBL推進支援センター「自律的学習意欲を引き出す！PBL Guidebook：PBL導入のための手引き」（https://ppsc.doshisha.ac.jp/attach/page/PPSC-PAGE-JA-9/56858/file/pblguidebook_2011.pdf））。単元としては長期にわたる取り組みとなります。課題やテーマに沿っているか，チームで協働して取り組むことができているか，自分たちのアイデアや表現をもとにした分かりやすく伝わりやすいアウトプットになっているか，などのポイントについては，教師が働きかけながら進めていくこと

撮影計画のマインドマップ

が大切ですが，基本的には子どもたちが自分たちで進めていく取り組みをサポートする形で学習を進めていきます。

②コーディネーターによる説明

　プロジェクトとして始める際は，まず身近なテーマがよいと考えました。ちょうど学校見学に訪れる方たちを対象に，子ども目線の学校紹介映像があるとよいという校内の声がありました。そこで，特別支援教育コーディネーターに教室で説明してもらい，校内のニーズを子どもたちと共有するところから始めました。

③どんな映像にするかについて話し合う

　どんな人に見てもらうか，どんな内容の撮影を行うか，どこを撮影するか，誰を撮影するかなどについて，まず子どもたちと話し合う時間を取りました。その際子どもたちのアイデアをマインドマップに図式化しました。

④マインドマップをもとに毎回の撮影計画を立ててから取り組む

　毎回の授業ではまずマインドマップを提示し，今日はどこを撮影するか，誰にインタビューするかなどを子どもたちに相談して決めてもらいました。各教室を撮影する際は Clips で，インタビューの際は iPad をスタンドに立ててビデオ撮影を行う形とし，あらかじめ撮影の練習を行いました。

⑤撮影する際のポイント

　撮影の際に大切なポイントとして，⑴撮るものを中央に入れて撮ること，⑵大きな声で説明（ナレーション）をすること，⑶テーマに沿って学校を紹介すること，の３つを説明しました。Clips で撮影の練習をした際に気づいた点（イラストや絵文字を強調しすぎて撮影した対象が見えづらくなってしまう場面があること，ナレーションの声が聞き取りづらい場面があること，各教室の紹介を行うことがテーマなのにあまり関連のない場所を撮影している場面があること）の３つに配慮したポイントです。毎回の授業の前にこのポイントをスライドで視覚的に確認しました。

⑥Clips のライブタイトル機能を活用した撮影

　Clips は撮影しながら声を録音すると，字幕のアニメーションを追加することのできるライブタイトルの機能があります。ライブタイトルを使用するには，Clips を立ち上げて，画面に表示される虹色の星のアイコンをタップします。「吹き出し」のアイコンを選択すると，初期状態では「なし」となっていますが，他のメニューを選択すると，画面にライブタイトルが表示され，「テキストを追加するには録画中にしゃべってください」というメッセージが表示されます。ライブタイトルの種類を１つ選択し，「×」をタップします。録画ボタンを長押ししたまま話すと，字幕が画面上に表示されるようになります。クリップを再生すると字幕を確認できます。

Clips での教室の撮影の様子

⑦ライブタイトルのテキストとスタイルを変更する

　ライブタイトルの入った動画を再生してみると，表示されるテキストが実際に話した内容とずれてしまっていることがあります。その場合は後から編集を行うことができます。編集したいクリップを選択し，虹色の星のアイコン＞「吹き出し」を選択し，「テキストを編集」をタップします。テキストが表示されるので，必要に応じて修正をしましょう。キーボードの「完了」をタップし，「ライブタイトル」の「×」をタップします。

⑧各教室の撮影と紹介を行う

　Clips のライブタイトルを活用して，各教室を撮影し紹介を行います。撮

影の際に大切な３つのポイント（(1)撮るものを中央に入れて撮ること，(2)大きな声で説明（ナレーション）をすること，(3)テーマに沿って学校を紹介すること）を意識して撮影を行うようにしました。

⑨毎回の振り返りと気づき，意見の共有

　撮影・編集後に，毎回作成した映像の振り返りを全員で行うようにしました。撮影の際の３つのポイントを提示し，何か気づいた点はあるか，撮影した動画はどうか，などを考えます。はじめはなかなか意見を出すのが難しかった様子ですが，どんな意見も気づきとして肯定的に受け止め，なかなか意見が出ない場合にはポイントに沿って尋ねてみたり，ＳＴ（サブティーチャー）に意見を出してもらったりしながら，毎回時間を取るようにしました。

　すると回を重ねるごとにだんだんと気づきや意見を表出できるようになりました。この振り返りの過程を経ることで動画を撮影する際のポイントをそれぞれが意識し，見た人に伝わりやすい映像がつくれるようになっていきました。

⑩インタビュー撮影と気づき，意見の共有

　インタビューの対象となったのは，保健室の養護教諭・栄養士・コーディネーター・経営企画室長・校長でした。子どもたちだけでどんな順番で撮影をするか考え，撮影の依頼を行いました。インタビューの質問項目は５人の意見をもとに構成し，毎回の撮影前に，ナレーター・インタビュアー・撮影などの役割を分担しました。この分担もなるべく子どもたちに任せて行っていきました。

　インタビュー撮影に取り組み始めると，生徒たちは振り返りで気づいた点を積極的に発言するようになりました。「インタビューの声が小さい」「インタビューしている人を見ていない」など，分かりやすく伝わりやすいインタビュー映像について考えることができるようになっていきました。また５人が１つのチームとして協力しながら，それぞれの役割に取り組む様子が見ら

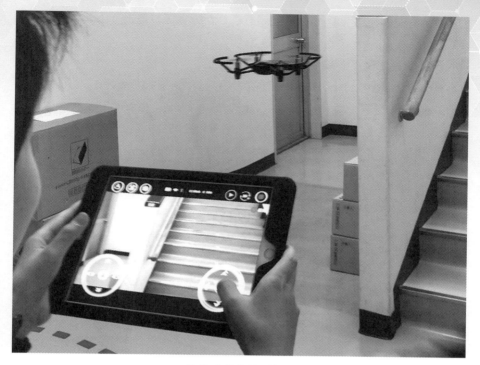

Tello に取り組む様子

れるようになりました。

⑪ドローンの活用

　iPad で操縦できるドローンを教室間の移動場面，階段や屋上などの撮影に使用しました。トイドローン Tello（RYZE）はカメラが搭載されており，アプリ「TELLO」でリモートコントロールによる撮影ができます。授業では実際に教室内で飛行させる体験を行ってから，各階の教室間の移動場面や上の階に移動する際の階段，屋上の撮影に取り組んでみました。２台のドローンを使用し，２グループに分かれて取り組みました。階段の撮影はなかなか難しく，何度もやり直して試行錯誤を重ねましたが，それぞれが操縦を行

うことができ，とても楽しく取り組むことができました。

⑫Keynote でタイトルや見出しの作成

「学校紹介」のタイトルや「各教室の紹介」「先生たちへのインタビュー」などの見出しを Keynote で作成しました。Apple Pencil で絵を描いたり，テキストを入力したりしながら，アニメーションを挿入し，ムービーに書き出して iMovie で編集しました。編集作業は教員で行い，その編集過程をモニターで子どもたちと共有しながら行いました。

⑬GarageBand でナレーションの挿入

動画の編集がほぼ終わったところで，GarageBand でタイトルや見出しごとにナレーションを録音しました。録音した音声を再生して振り返り，これでよいかどうかも毎回子どもたちに確認しながら進めました。「もう少し大きい声で言った方がいい」「みんなでテンポを合わせて言った方がいい」などと気づきや意見が出てきたら，もう一度録音し直すといった作業を繰り返しました。

⑭動画の見直し・振り返り・確認

最後に完成した動画を見直し，最終的な振り返りや確認を行いました。こうした取り組みを通して，子どもたちはプロジェクトのテーマを意識しながら気づいたことを積極的に発言したり，教師や友だちとのやりとりを通してイメージを広げていき，そのアイデアを生かして動画を作成したりすることができるようになりました。

⑮特別支援学校におけるプロジェクト型学習について

特別支援学校でプロジェクト型学習を進める際には，(1)課題の解決を目的とする，(2)チームで解決を行う，(3)子どもたちの自主性・自律性を大切にする，というポイントに加え，(4)身近な課題をテーマにすること，(5)シンプル

動画の見直し・振り返りの様子

な手順にすること，⑹繰り返しの要素を取り入れること，⑺視覚支援を活用
すること，の４つが大切であると考えます。こうしたポイントを踏まえると，
チームでプロジェクトを行うことも可能になってきます。

- ICTを活用しながら，子どもたちが主体となったプロジェクトを進めることができる
- チームメンバーそれぞれのよさを生かして進めることができる

プロジェクト型学習②
SDGs について

用いるアプリ

Keynote（Apple）／ Viscuit　Web ブラウザ版（合同会社デジタルポケット）／ iMovie（Apple）／
ibisPaint（株式会社アイビス）／ GarageBand（Apple）／オンラインミーティングツール

◆ 概要

　学校紹介の映像を制作するプロジェクト型学習に取り組んだ後に，SDGs（持続可能な開発目標）をテーマにしたプロジェクトに発展させられないかと考えました。企業や他校と連携した取り組みに参加し，iPad でアイデアをアウトプットして発信する学習へと展開しました。

◆ 授業の流れ／留意点

①単元のねらいについて

　プロジェクト型の学びをさらに進め，社会に向けてアイデアを出しアクションを起こすことを目標に，中学部２年時から SDGs（持続可能な開発目標）をテーマとしたプロジェクト型学習の実践に取り組みました。SDGs は「誰一人取り残さない」持続可能な社会の実現に向け，世界の解決すべき課題が17にまとめられた全世界共通の目標です（国際連合広報センター）。SDGsを共通言語として，タブレット端末を活用しながら自分なりのアイデアやメッセージを発信し，様々な人たちと連携したり協働したりするプロジェクトに発展させられないかと考え，取り組みを進めていきました。

②SDGs について学ぶ

　まず SDGs について学ぶ授業からスタートしました。SDGs へのイメー

Keynote でアウトプットする学習

　ジを広げるために，NHK for School「アクティブ10 公民」，国際連合広報センター「トーマスとなかまたち：SDGs 出発進行」，一般社団法人 Think the Earth 編著『未来を変える目標　SDGs アイデアブック』（紀伊國屋書店）を活用しながら，１つ１つのロゴの意味を確認していきました。視覚的に分かりやすく伝えることがとても大切になりますが，子どもたちはこの学習を通して自分なりに気づいたことを発言したり質問したりするようになり，17の目標が互いに関連していること，未来を変えるために自分たちができることもあることを全員で共有することができました。

③SDGs のロゴから気づいたことや感じたことをアウトプットする

　次に「気づいたことや感じたことを Keynote でつくってみよう」という

活動へと発展させました。まずそれぞれが目標を1つ選び，どんなことをイメージするか，どんな気づきがあったか，自分だったらどんなことができると思うかについて，一人一人と対話を通してアイデアを出していく時間を取りました。友だちの選んだ目標に関しても気づいたことは発言できるようにして，ホワイトボードにそれぞれのアイデアをまとめていく活動に取り組みながら，アウトプットへのアイデアが固まったら実際に iPad で制作するようにしました。

　Keynote のスライドサイズを正方形に設定し，自分のアイデアをレゴブロックや Apple Pencil で制作しながら Keynote にまとめていきました。17の目標について役割分担をして作成を進め，5人の生徒のアイデアを1つにまとめていきます。自分なりに感じたことをアウトプットする活動はとても大切で，この取り組みを通して，私たち教員も含め，授業に参加した全員で SDGs について理解を深めることができるようになりました。

　5名の生徒がまとめた17の目標については，学年の生徒30名の前で発表する機会を設けました。

④ SDGs をテーマにしたプロジェクトへの展開

　SDGs についての理解が進んだところで，実際にアクションを起こす段階へと進めました。外部と連携したプロジェクトとして，⑴テラサイクルジャパン合同会社とライオン株式会社が協働で行っている「ハブラシ・リサイクルプログラム」のポスター制作，⑵地域の店舗への取材，⑶静岡県立掛川西高等学校と連携したプロジェクションマッピングプロジェクトへの映像参加，⑷日本財団 DIVERSITY IN THE ARTS の True Colors Festival チーム主催「# わたしの超ダイバーシティアワード」T シャツメッセージキャンペーンへの参加を行いました。

❶リサイクルプログラムの学習とポスターの制作

　身近な取り組みとしてまずリサイクルを取り上げ，今までリサイクル不可

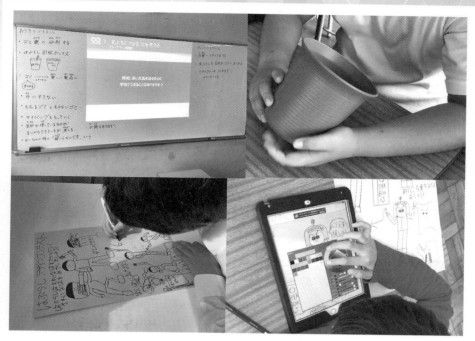

リサイクルプログラムの学習とポスター制作

能と思われてきたもののリサイクルを実現し，多くの無料回収モデルを提供しているグローバル企業である，テラサイクルジャパン合同会社に出張授業をお願いしました。プラスチックゴミの現状について説明を聞き，廃プラスチックを資源として回収し再生利用するマテリアルリサイクルについて学び，ポテトチップスの袋を回収してつくられたペレット（プラスチックの原料）や使用済みハブラシからつくられた植木鉢を実際に手に取って体験させてもらいました。その後に自分たちはどんなことができるだろうということを考え，気づいたことや発言をホワイトボードに書き出していきました。「家庭でゴミの分別をする」「買い物にはマイバッグを持っていく」「自分の使っているものが何からできているか考える」「水筒を持ち歩くようにする」といった発言が子どもたちから出てきました。

また，テラサイクルジャパン合同会社とライオン株式会社が協働で行っている「ハブラシ回収プログラム（ハブラシ・リサイクルプログラム）」のポスターをデザインしてみようということになり，iPadでポスターの制作に取り組みました。

　ポスターのデザインについては，ポスターのテーマは何か，どうすればメッセージが伝わるか，どんなデザインにするかをホワイトボードに書き出しながら，それぞれのデザインを決めていきました。紙に描いたポスターデザインをiPadで撮影し，描画アプリibisPaintで着彩して仕上げました。完成したポスターはプリントアウトし，「ポスターデザインコンテスト」に応募するとともに校内の廊下にも掲示を行いました。

❷地域の店舗への取材

　学校から徒歩で約10分の場所にある電器店を取材し，SDGsに関する店舗の取り組みについてインタビュー撮影を行いました。ナレーター・カチンコ・カメラ・インタビュアーなどの役割を分担し，事前にどんなインタビューをするか質問項目について話し合い，教室でそれぞれの役割を練習する時間を取りました。実際の取材では，SDGsの取り組みとして，省エネ効果のあるLEDライトへの交換を積極的に進めていることや，地域のお客様が困った時に安心して相談できるお店になることを心がけていることなどの話を聞くことができました。チームの中でそれぞれが役割を果たして撮影を無事終了させることができました。

❸掛川城プロジェクションマッピングプロジェクトへの参加

　静岡県立掛川西高等学校（以下，掛川西高）が地域と連携して取り組んでいるプロジェクションマッピングイベント「掛川城プロジェクションマッピング」に，特別支援学校から参加をしませんかという話をいただきました。

　テーマは「ダイバーシティ（多様性）」で，海外の学校や特別支援学校など様々な学校の生徒たちの制作した映像を掛川西高のパソコン部が編集し，

プロジェクションマッピングプロジェクトへの参加

地元の掛川城に投影するというイベントです。子どもたちに話してみたところ，やってみたい！という声があがったので，掛川西高のパソコン部とオンラインミーティングで打ち合わせを行い，今回のプロジェクションマッピングイベントのテーマについて説明してもらったり，過去のイベントの様子を紹介してもらったりしました。

　ちょうど学習を進めていた SDGs をテーマにしようということになり，自分たちで制作した SDGs のロゴを映像にするとともに，他にどんな映像があるといいかを考えていきました。そして，SDGs の目標14「海の豊かさを守ろう」，目標15「陸の豊かさも守ろう」をテーマにして，Viscuit で表現をしてみようということになり，画面の背景を「青」「緑」にそれぞれ設定して，「海の豊かさ」「陸の豊かさ」をテーマに制作を行いました。

制作した映像に音楽を挿入するために，GarageBand でオリジナルの曲づくりを行い，iMovie に入れた編集画面をプロジェクターで映し，全員で見直してみました。気づいた点等を出し合って，その場で最終的な修正を行いました。最後にナレーションを GarageBand で録音しました。映像のはじめと終わりにどんなナレーションを入れればいいかを考え，出てきた意見をまとめてホワイトボードに書き出し，台詞を作成しました。完成した映像・音楽・ナレーションのデータを掛川西高に送り，パソコン部で最終的な編集を行ってもらって当日に上映していただくことができました。

❹SDGs をテーマとしたTシャツのデザイン制作

　日本財団 DIVERSITY IN THE ARTS の True Colors Festival チームが主催する「# わたしの超ダイバーシティアワード」Tシャツメッセージキャンペーンに参加しました。「みんなが幸せに生きられる社会になるにはどんなことが大切だろう」という視点から，気づいたことをやりとりしながら，ホワイトボードにメッセージを書き出し，最終的にどのメッセージにするかを一人一人選びました。あらかじめTシャツのテンプレートを作成しておいた Keynote にメッセージを入力し，文字の位置や色を考えてメッセージを完成させました。5つのメッセージを応募したところ，事務局のスタッフの方が気に入ってくださり，True Colors Festival オフィシャルグッズを送っていただきました。自分たちの考えたメッセージを評価してもらえたことで，手応えの感じられるフィードバックとなりました。

❺SDGs をテーマにした取り組みをまとめる映像制作

　最後に，今までの取り組みを1つの映像にまとめる活動を行いました。説明のスライドやナレーション，映像の冒頭と最後のナレーション，映像ごとの音楽の作成を行いました。GarageBand を活用し，どんなナレーションにするか，誰がどのナレーションを担当するかなどは，5人で相談しながら決めていきました。最後にまとめの映像制作をしながら今までの取り組みを

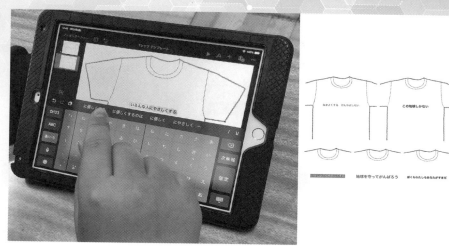

Keynoteを活用したTシャツのデザイン制作

振り返ることができ，完成した映像を学年で発表することで，１年間の
SDGsの取り組みのまとめをすることができました。

学校全体での SDGs の取り組み

用いるアプリ

カメラ（Apple）／ Keynote（Apple）／オンラインミーティングツール／クラウドサービス

◆ 概要

　SDGs（持続可能な開発目標）をテーマにしたプロジェクトをさらに全校に展開させるために，PTA と連携した理解啓発活動に取り組みました。その過程で iPad を活用して写真を撮ったりチラシを作成したりする活動，オンラインミーティングやクラウドサービスの活用などを行いました。

◆ 授業の流れ／留意点

①取り組みの概要について

　この取り組みは，全国特別支援学校知的障害教育校 PTA 連合会調査研究助成事業の一環として，東京都立石神井特別支援学校で取り組んだ内容になります。授業で取り上げた内容は，(1)中学部の総合的な学習の時間でのSDGs をテーマとした授業，(2)保護者向けの SDGs 啓発チラシの作成，(3)オンラインによる外部講師の授業，(4) SDGs をテーマにした他校とのオンライン交流，の４つです。PTA と連携し，家庭での取り組みの協力をお願いしたり，作成した啓発チラシを印刷し配付してもらったりといった取り組みを行いました。

②中学部の総合的な学習の時間での SDGs をテーマとした授業

　中学部各学年の総合的な学習の時間に SDGs をテーマにした授業を行い

SDGs をテーマとした授業の様子

ました。はじめに「Home：家」（国連広報センター）を視聴し，私たちの住む地球はみんなの家であること，その地球について私たちができることを考えよう，という導入を行いました。「持続可能」という用語は「ずっと続く」という言い方に変えてスライドで説明しています。その後２つの単元（(1)分別ゴミについて，(2)サステナブル・ラベルについて）を設定し，それぞれの内容についてスライドや動画で学習をした後に，分別ゴミのマーク，サステナブル・ラベルをそれぞれ品物から見つけ，iPad のカメラで撮影する活動に取り組みました。

③分別ゴミのマークを見つけよう

NHK for School「よろしく！ファンファン」の「ごみのゆくえ」を視聴

し，普段捨てているゴミがどのような処理をされているか，分別することがなぜ大切なのか等について理解を深めました。ちょうどプラスチック製レジ袋の有料化が開始された時期でもあり，身の回りでもプラスチックゴミについて気づく機会が増えていることもあり，「空飛ぶレジ袋」（国連広報センター）の動画も紹介し，自分たちができることについて考えながら学習を進めていきました。

　ゴミについて学んだ後に，「様々な品物から分別ゴミを見つけ，iPadで写真に撮ろう」という活動に取り組みました。撮影を通して分別ゴミのマークを探し，どんなマークがあるかを意識することができました。

　授業の最後に「おうちでも見つけて撮影してみてください」「写真を撮ったらTeamsにアップしてください」という説明を行い，分別ゴミのマークを各家庭でも見つけてもらえるよう協力を依頼しました。

　小学部では各学級でスライドを提示しながら，児童向けに説明を行い，PTAからもSDGs通信を発行し，保護者に向けて協力を依頼しました。

　クラウドサービスのTeams上に各学年のチャネル「SDGs」を作成し，家庭で撮影してもらったデータはそのチャネルにアップしてもらうよう，投稿の手順書を作成して協力を依頼しました。

　各学年の保護者が協力してくれ，家庭で分別ゴミのマークを見つけ，写真を撮影して「SDGs」のチャネルに投稿してくれました。

④サステナブル・ラベルを見つけよう

　サステナブル・ラベルとは，「持続可能な原材料調達や環境・社会的配慮，生物多様性等につながるさまざまな国際認証ラベル」（一般社団法人日本サステナブル・ラベル協会）のことです。

　私たちは，身の回りの生活用品や食品を普段何気なく購入していることが多いですが，調達や生産方法が見えない品物が，実は環境破壊や労働環境の悪化につながっていることがあります。サステナブル・ラベルは，原産地から私たちの手に渡るまでのトレーサビリティ（商品の生産から消費までの過

さつえい
撮影してみよう

おうちでも みつけて 撮影してみてください

サステナブル・ラベルをテーマとした取り組み

程を追跡すること）を重視し，資源調達や生産現場でも管理された責任ある原材料調達のもとに生産されていることを認証しているラベルです。分野は多岐にわたり，森（木材・紙製品），有機（オーガニック）農産物，オーガニックコットン（繊維），ダウン＆フェザー（動物福祉），海（水産物），フェアトレードなど，持続可能な社会を実現するための様々な品物があります。近年この認証を商品に積極的に取り入れる企業や小売店が増えてきたこともあり，身近な店舗で見かけることが多くなってきています。

　中学部各学年の総合的な学習の時間では，分別ゴミに続いてサステナブル・ラベルをテーマとして授業を行いました。サステナブル・ラベルやエシカル消費については，動画「ちょっと考えて，ぐっといい未来　エシカル消費」「Re-Think 海ごみ　見直そう プラスチックとの付き合い方」（東京都）

や「３分で分かるフェアトレード Understand Fairtrade in 3 minutes」(FairtradeLabelJapan) を視聴し，１つ１つのラベルについてスライドで説明を行いました。

それぞれのサステナブル・ラベルについて学んだ後に，分別ゴミの活動と同じように「様々な品物からサステナブル・ラベルを見つけ，iPad で写真に撮ろう」という活動に１人ずつ取り組みました。

分別ゴミに比べ，サステナブル・ラベルは品物ごとに様々な箇所に付いていることが多く，ラベルの大きさもまちまちでしたが，ラベルを見つけることに集中して撮影に取り組むことができました。

授業の最後に，分別ゴミの時と同じように「おうちでも見つけて撮影してみてください」「写真を撮ったら Teams にアップしてください」という説明を行い，サステナブル・ラベルを各家庭でも見つけてもらうよう協力を依頼しました。分別ゴミに引き続き，積極的にサステナブル・ラベルを見つけて撮影し，投稿してくれる家庭の協力が得られました。

学習を進めるうちにこんなエピソードもありました。森林保護の認証ラベルは学校の給食で提供されている牛乳にも付いており，生徒がそれに気づいて「先生，ラベル見つけたよー」と嬉しそうに報告に来るということがありました。また別の生徒は，授業で学習したサステナブル・ラベルの内容を保護者に何とか伝えようとし，家庭にあった品物にラベルがあることに気づき，家族と共有することができたということもありました。

普段あまり意識したことのないサステナブル・ラベルに様々な背景やストーリーがあり，それを見つけたり選択したりすることで，SDGs への小さなアクションにつながったのではと考えています。

⑤保護者向けの SDGs 啓発チラシの作成

サステナブル・ラベルを家庭で見つけてもらう取り組みへの協力依頼の一環として，「おうちで取り組んでもらうためにはどんな呼びかけ方を考えたらいいか」をテーマにしたチラシのデザインを行いました。Keynote を活

Keynoteを活用した啓発チラシの作成

用し，PTAが理解啓発活動のために作成した「SDGs学園」のキャラクター（イラスト制作　山口寿々音さん）を取り入れながら，中学部3年の5名の生徒がそれぞれデザインを工夫して作成を行いました。作成にあたっては，NHK for School「アクティブ10 プロのプロセス」から「ポスターの作り方」を視聴し，伝わるデザインについて学習し，メディアタイムズの「どこまでがOK？著作権」を視聴して，オリジナルの表現を生かすことへの理解を進めました。Keynoteでデザインをしてチラシとして完成させた後に，書き出ししたデータをもとにPTAに印刷を依頼し，SDGs通信の1つとして，保護者及び近隣の他校への配付を行いました。

⑥オンラインによる外部講師の授業（中学部３年総合的な学習の時間）

「地球温暖化について」をテーマに環境活動家の露木志奈さんに授業を行っていただきました。露木さんは，バリ島にある世界最先端のエコスクール「グリーンスクール」で高校時代を過ごし，2020年から日本全国で地球温暖化に関する講演活動をされています。持続可能な世界をつくる未来のリーダーとして現在注目されている若者の１人です。

これまでSDGsについて学んできたことで，話の内容にイメージを持てる生徒が多く，また露木さんがとても視覚的にとても分かりやすく説明をしてくれたことで，いろいろな気づきが生まれ，オンラインで質問をしてみたりするやりとりを行うことができました。

⑦ SDGs をテーマにした他校とのオンライン交流

近隣の特別支援学校と連携し，PTAが作成しているSDGs通信を提供して保護者や教員向けに配付を依頼したり，教材の提供や共有を行ったりしました。近隣の特別支援学校では，専攻科３名の生徒を対象にSDGsに関連する動画を視聴しました。授業を受けた生徒から「街をきれいにする」「飢餓から救いたい」「外国では赤ちゃんのうちに死んでしまう国がある」「貧しい国に募金をしたい」というような感想が生まれ，自分たちの都合で好きなように暮らしていくと地球はどうなってしまうのかということを全員で考える機会を持ちました。さらに，サステナブル・ラベルについても学習し，家庭でラベルの付いた商品を探すことを課題とした授業にも取り組み始め，それぞれの生徒が家庭で見つけたサステナブル・ラベルの商品を持ち寄り，発表を行うという活動に展開していきました。

両校の学習が進んでいったところで，SDGsを学んでいる２校の生徒をオンラインミーティングツールで接続し，それぞれの取り組みについての情報共有や作成したクイズの出題などを行う授業に取り組むことができました。

SDGs をテーマとした授業の様子

⑧社会に関わる取り組みをテーマにした他校との連携へ

　SDGs を切り口にすると学校外の機関と連携したプロジェクトができる可能性があります。子どもたちのアイデアや表現を生かした iPad でのアウトプットをベースに，オンラインミーティングツールを活用しながら一緒にプロジェクトに取り組むという学び方だと，通常校との連携も可能だと思います。共に持続可能な社会のつくり手として，様々な人たちと連携し，子どもたちの可能性を広げることができるのではと考えています。

まとめ	・学校と家庭で協力してできる SDGs の取り組みにチャレンジする
	・自分たちのアイデアや表現を生かしながら，保護者や他校に呼びかけるチラシを作成し，アクションにつなげる体験をする

おわりに

　ここまでお読みいただきありがとうございました。みなさまのご実践のヒントになる内容が少しでもありましたら，筆者にとっては大変光栄です。

　さて，本書の第3章20・21では，SDGs をテーマにした授業実践を掲載していますが，この取り組みのその後の展開を最後に少しだけ紹介させていただければと思います。

　SDGs の取り組みは，その後校内だけでなく同じ地域にある小学校とコラボレーションできないか検討を重ね，すでに取り組みを始めていた近隣の特別支援学校にも呼びかけて，同じエリアの3校で連携したプロジェクトへと発展させていきました。そのプロジェクトのキックオフとして，私が小学校に出向いて6年生の子どもたちに向けて出前授業を行い，「よかったら一緒に取り組みませんか」と子どもたちに直接呼びかける試みを行いました。出前授業は90分の時間枠をいただいたので，具体的な取り組み内容だけでなく，「(1)障害について，(2)特別支援学校での iPad を活用した授業について，(3) SDGs の取り組みについて」の3つの柱を立ててスライドで紹介をしたところ，授業後に子どもたちから次のような感想をもらいました。

　「一番感心したのは特別支援学校の授業です。iPad を使った授業が多くてとてもおどろきました」

　「特別支援学校でレゴブロックを使って動画を撮っていてすごいと思いました」

　「特別支援学校の子も SDGs に取り組んでいるなんてすごいなと思いました。僕らの学校も一緒にやりたいです！」

iPadで特別支援学校の子どもたちが様々なアイデアをアウトプットしたり，SDGsをテーマにした活動に取り組んだりしていることが，子どもたちの印象に残ったようで，私も1つ1つの感想にとても感銘を受けました。

　ICTを活用することで，こうしたアウトプットベース，プロジェクトベースで様々な学校と連携できる可能性が今後さらに広がっていくのではないでしょうか。日頃からiPadで様々なアウトプットに取り組む経験をすることで，そうしたプロジェクトで生かせるアイデアや表現が子どもたちの中にたくさん積み重なっていくのではないかと感じています。子どもたちのユニークなアイデアや表現を生かし，その子なりのよさや強みを発揮できる可能性がさらに広がるよう，私もチャレンジを続けていきたいと思っています。

　本書を執筆するにあたっては，写真や図の掲載にあたり，様々な方のご協力をいただきました。心よりお礼申し上げます。

　本書のタイトルとなっている「学ぼう，遊ぼう，デジタルクリエーション」は，様々な学校でICT活用に奮闘している友人たちと共同で開催しているオンラインワークショップ名がもとになっています。毎回のワークショップに快く協力してくれ，様々なアイデアを提供してくれている友人たちに感謝の意を表します。

　そして最後に，いつも温かく見守り応援してくれている私の大切な家族にも，この場を借りてあらためて感謝の気持ちを伝えたいと思います。

著者　海老沢　穣

参考文献

水内豊和・後藤匡敬編著『シーズ（アプリ活用）とニーズ（授業展開）でわかる！　特別支援教育　1人1台端末活用実践ガイド　自立活動他編』明治図書

水内豊和・後藤匡敬編著『シーズ（アプリ活用）とニーズ（授業展開）でわかる！　特別支援教育　1人1台端末活用実践ガイド　各教科中心編』明治図書

近畿大学附属小学校・郡山ザベリオ学園小学校・森村学園初等部協力『デジタルツールではっぴょうしよう！　ICTで生活科　しゃしんで つたえよう！』フレーベル館

協　力

一般社団法人日本サステナブル・ラベル協会
東京都立石神井特別支援学校PTA

【著者紹介】

海老沢　穣（えびさわ　ゆたか）

早稲田大学教育学部卒業。東京学芸大学大学院教育学研究科修士課程障害児教育専攻修了。特別支援学校の教員を25年務め，アーティストとのコラボレーションやICTの積極的な活用を行い，子どもたちのアイデアや表現を引き出す授業実践に取り組んだ。2017年にAppleのテクノロジーを活用した教育分野のイノベーターであるApple Distinguished Educatorに認定された。東京都教育委員会2019年度職員表彰受賞。2021年4月に一般社団法人SOZO.Perspectiveを設立し代表理事に就任。教育コンサルタントとして，ICTを活用した新たな授業デザインの提案を行っている。また新渡戸文化学園のNITOBE FUTURE PARTNERとして，新渡戸文化小学校でICTを活用した授業を担当している。NPO法人芸術家と子どもたちアドバイザー，NHK for School「ストレッチマン・ゴールド」番組委員，杉並区立桃井第三小学校学校運営協議会委員。「特別支援学校の先生たちとiPadで学ぼう遊ぼう！〜デジタルクリエーション講座〜」世話人。

共著に『Q&Aでわかる　発達障害・知的障害のある子どものSNS利用ガイド』（ジアース教育新社），『新時代を生きる力を育む 知的・発達障害のある子のプログラミング教育実践』（ジアース教育新社）などがある。

iPad ×特別支援教育
学ぼう，遊ぼう，デジタルクリエーション

2023年7月初版第1刷刊　Ⓒ著　者　海　老　沢　　穣
発行者　藤　原　光　政
発行所　明治図書出版株式会社
http://www.meijitosho.co.jp
（企画）佐藤智恵（校正）武藤亜子
〒114-0023　東京都北区滝野川7-46-1
振替00160-5-151318　電話03(5907)6703
ご注文窓口　電話03(5907)6668

＊検印省略　　組版所　株式会社プリント大阪

Printed in Japan　　　　ISBN978-4-18-269412-7
もれなくクーポンがもらえる！読者アンケートはこちらから　→

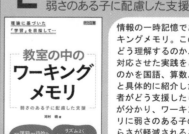